30년 최장수 글로벌 CEO 심상돈의 감사 에세이

감사합니다

심상돈

바보똑똑이 작은 거인의 감사하는
삶에서 얻는 지혜

LEADERPIA

30년 최장수 글로벌 CEO 심상돈의 감사 에세이
감사합니다

초판 1쇄 인쇄 2024년 05월 31일
초판 1쇄 발행 2024년 06월 17일

지은이 심상돈
펴낸이 유승용

편집 김자영 **디자인** 조은진 **마케팅** 송경민
발행처 (주)리더피아
출판신고 2015년 05월 14일 제 2022-000045 호

주소 서울특별시 서대문구 연희로 41다길 48-12
전화 (02) 6959-9326 **팩스** (02) 6959-9329
이메일 happy@leaderpia.com
홈페이지 www.leaderpia.com

ⓒ 2024 심상돈
ISBN 979-11-956590-6-7-03320

* 이 책은 저작권법에 따라 보호받는 저작물이므로 무단전재와 복제를 금하며, 책 내용의 전부 또는 일부를 이용하려면 반드시 지작권자와 (주)리더피아의 서면 동의를 받아야 합니다.
* 잘못된 책은 구입처에서 바꿔드립니다.
* 책값은 뒤표지에 있습니다.

감사합니다

30년 최장수 글로벌 CEO 심상돈의
감사 에세이

심상돈

바보똑똑이 작은 거인의 감사하는
삶에서 얻는 지혜

LEADERPIA

프롤로그

들을 수 있게 해주셔서 감사합니다

"제조업체는 보청기를 만들지만 보청기는 사람을 존재하게 만듭니다."
보청기 사업을 40여 년 해오면서 귀를 대체하는 보청기의 의미를 한마디로 표현하라면 이렇게 말할 수 있습니다. 우리 신체 부위 중 어느 하나 소중하지 않은 것이 없지만 세상에 소리를 듣게 하는 '귀'는 말을 배우게 하고, 소리로 감각을 느끼게 하고, 소통하게 해주기 때문입니다. 시력과 청력 모두를 잃은 헬렌 켈러도 '눈이 멀면 사물에서 멀어질 뿐이지만, 귀가 멀면 사람에게서 멀어진다'라는 말을 통해 청력은 단순히 소리를 듣는다는 것 이상의 의미가 있음을 강조했습니다.

보청기를 만나기 전에 인식하지 못했던
세상에 '존재감'을 심어주는 보청기의 힘
따라서, 잃어버린 소리를 찾아주는 보청기는 단순히 소리를 듣게 해주는 기능을 넘어서 사람들과의 소통을 원활하게 해줌으로써 세상에 그 사람에 대한 '존재감'을 심어줍니다. 이름을 부를 때 '저 여기 있습니다'

라고 말할 수 있고, 자신의 생각과 의견을 얘기할 수 있기 때문입니다. 나이가 들어 소리가 점점 안 들리게 된 어르신과 대화를 나누어본 적 있으신가요? 소리가 잘 들리지 않으니, 자신의 목소리는 점점 더 커지고, 뭘 얘기해도 잘 못 알아들으니 답답하고, 답답함이 쌓이면 서로가 입을 닫게 됩니다. 이렇게 청력이 약해지는 시점부터 세상과 멀어지게 되는 것입니다

저도 보청기 사업을 하기 전에는 '청력'에 대한 소중함을 잘 몰랐습니다. 보는 것, 듣는 것은 너무나 당연했기 때문입니다. 그런데, 카투사에서 군 생활을 하면서 운명처럼 보청기를 만났고 보청기가 제 인생을 바꾸어놓았습니다.

운명의 결정적 영향을 미친 '별의 순간'들

보청기는 내 운명

독일어 '슈테른슈툰데(Sternstunde)'에서 비롯된 '별의 순간'이라는 말이 있습니다. 별의 순간은 '미래에 지대한 영향을 끼치는 숙명적인 결정이나 행위, 사건'을 말합니다. 저에게는 제 운명의 방향을 결정짓게 하는 '별의 순간'들이 있었습니다.

19살 때 아버지가 돌아가시면서 반항과 방황의 시간을 보냈던 청년 심상돈이 정신을 차리고 공부를 시작했고, 카투사에 입대해서 위생병으로 복무하면서 처음으로 보청기를 알게 됐고, 전역 후에 우연히 보청기

사업을 시작하게 되면서 제 인생에 보청기가 깊숙이 들어왔습니다. 그때 운명처럼 시작된 보청기 사업을 40여 년 이끌어오고 있으며 국내 최장수 글로벌 기업 CEO로 살아오고 있습니다.

'귀문'이 닫힌 사람들에게 '귀문'을 열어주며
잃어버린 소리를 찾아주었던 그 기쁨의 나날들
보청기 사업을 처음 시작할 때는 내 일을 키우는 사업가였습니다. 그런데, 소리가 들리지 않아 저를 찾아오는 난청인들을 만나면서 저는 보청기를 판매하는 사람이 아니라 '잃어버린 소리를 찾아주는 사람'이라는 어떤 묵직한 책임과 사명이 생겼습니다.

소리를 잘 듣지 못해 어두운 얼굴로 저를 찾아왔던 분들이 맞춤형 보청기를 착용한 후에 소리를 들으면서 표정이 환해지는 모습을 볼 때마다 제 가슴은 벅차올랐습니다.

닫힌 '귀문'을 열어주는 사람이라는 생각으로 더 뛰어난 기능에, 더 착용감이 편하고, 더 작은 보청기를 만들기 위한 연구를 거듭했습니다. 그렇게 보낸 40여 년의 세월이 국내 1호 보청기 전문가 심상돈을 있게 했습니다.

청각장애인 · 난청인들
그들의 간절한 마음의 소리를 들을 수 있게 해주셔서 감사합니다

사실, 보청기 사업만 생각하면 보청기가 필요한 사람에게 그에 맞는 보청기를 맞춰주고 판매하면 그만입니다. 그런데, 저에게는 세상의 소리를 듣지 못해 답답해하고 사람들과 대화를 나누고 싶어 하는 청각장애인과 난청인들의 간절하고 절박한 마음의 소리가 들렸습니다. 청각장애인들은 소리를 듣지 못해서 말을 하지 못했지만 상담과정에서 그들이 흘리는 눈물에서 저는 청각장애인들의 심정을 충분히 들을 수 있었습니다. 관심을 갖지 않으면 결코 들을 수 없는 그 소리가 저에게는 들렸던 것입니다.

그래서 얼마나 감사한지 모릅니다. 그 소리가 들렸기 때문에 저는 청각장애인과 난청인들에게 더 많은 관심과 애정을 갖게 됐고 어떻게 하면 이들을 도울 수 있을까에 초점을 맞출 수 있었습니다. 그 결과 인공와우 수술과 보청기에 대해 건강보험료를 적용받을 수 있도록 하는데 결정적 역할을 하기도 했습니다.

보청기는 안경과 같은 것
결코 신체적 약점이 아니라는 보청기 인식 전환을 위해 여전히 노력 중

저는 보청기 사업 1세대로 보청기가 얼마나 눈부시게 발전했는지 그 역사를 꿰차고 있는 산증인입니다. 현재 보청기는 최적의 착용감은 물론이고 인공지능이 탑재돼 스스로 소리를 조절해서 대화와 주변 소음도 구분해서 원음에 가까운 선명한 소리를 들을 수 있으며 외국어 번

역도 가능해졌습니다.

하지만, 여전히 보청기에 대한 인식은 안경과 같지 않습니다. 보청기 착용을 부끄러워하고 숨기고 싶어 합니다. 보청기 착용을 신체적 결함이 있는 사람으로 여기는 불편한 시선 때문입니다. 시력이 나쁘면 안경을 착용하는 것처럼 보청기 착용도 귀를 대신하는 신체의 일부일 뿐입니다. 그 인식 전환을 위해 저는 계속 노력하고 있습니다.

국내 최장수 글로벌 기업 CEO로 지냈던 지난 30년
그 선물 같은 시간에 감사하며

저는 운 좋게도 글로벌 기업 CEO로 30년을 지내면서 국내 최장수 글로벌 기업 CEO의 기록을 갖게 됐습니다. 제 능력 이상의 선물을 받았고 여전히 받고 있습니다.

지금의 결과가 있기까지 열심히 부지런히 한결같이 달려온 시간과 노력들도 있었지만 운도 참 좋았습니다. 위기의 순간이 찾아올 때마다 잘못된 선택을 하면 삐뚤어질 수 있는 인생인데, 그때마다 좋은 선택을 할 수 있도록 누군가가 도움의 손길을 내어주기도 했고 때로는 예기치 못한 사건으로 깨달음을 주기도 했습니다.

특히, 보다 여유 있는 삶, 나를 위한 삶을 살기 위해 1996년 제 회사를 스타키에 매각하고 스타키코리아 CEO가 되고 얼마 후 황당하게 감옥살이를 하게 된 40여 일의 기간은 저에게 겸손과 나눔의 삶을 선택하게 한 엄청난 깨달음을 준 사건이었습니다.
누군가를 돕겠다는 마음은 있었지만 여유 없이 바쁘게 사느라 주변을 챙길 틈이 없었던 그 시절, 하늘은 최악의 경험을 하게 함으로써 제 인생을 다시 설계한 것입니다.
그런 과정 속에 제 심연에 '감사함'이 새겨졌습니다.

지금의 심상돈이 존재하는 것은 '감사하다'는 말로 밖에 표현할 수가 없습니다.
청각장애인과 난청인들 그 마음의 소리를 들을 수 있게 해주셔서 감사합니다.
청각산업 발전에 기여를 할 수 있게 해주셔서 감사합니다.
청각장애인 뿐 아니라 세상에 모든 장애인과 그 가족들까지 챙기며 나눔의 삶을 살며 인생의 보람과 행복을 느낄 수 있게 해주셔서 감사합니다.
제 인생을 바꾼 별의 순간들이 지금 제 인생을 밤하늘에 반짝이는 별처럼 빛나게 해주고 있습니다.
보청기와 함께한 지난 40여년의 인생을 반추하며 저의 첫 에세이를 쓰면서 저는 많은 분과 '감사한 삶이 얼마나 값진 것인지를 나누고 싶습니다.
매일 매일 감사하다는 생각을 가지고 살아간다면 평소에 느끼지 못했던 경이로움을 발견하게 됩니다. 내가 지금 누리고 있는 것이, 가지고 있는 것이 아무것도 없는 것 같지만, '감사'하다는 시선이 안 보이는 것을 보이게 하고 내 자신이 얼마나 축복된 삶을 살고 있는지 느끼게 해 줄 것입니다.

종교를 떠나 제가 늘 외우며 되새기는 성경 말씀을 공유하고자 합니다.

『삼가 누가 누구에게든지 악으로 악을 갚지 말게 하고 서로 대하든지 모든 사람을 대하든지 항상 선을 따르라. 항상 기뻐하라. 쉬지 말고 기도하라. 범사에 감사하라..』

데살로니가전서 5장 15절~18절

그럼, 감사한 삶을 살며 삶의 경이로움을 매일 깨닫고 있는 제 얘기를 시작해보겠습니다.

2024년 6월 평창동 스타키홀에서
심상돈

contents

프롤로그 : 들을 수 있게 해주셔서 감사합니다 ·004

1장 / 내 인생을 바꾼 별의 순간들

19살, 아버지와의 이별 ·016

감옥으로부터의 사색, 유레카 감옥에서 발견한 '감사' ·023

미국 스타키 본사와의 냅킨 협상 ·029

카투사 위생병, 추모의 벽을 세우다 ·034

2장 / 나는 듣는 사람입니다

국내 보청기 역사 새로 쓴 뉴 프런티어 ·048

당신의 청력은 안녕하십니까? ·054

귀가 건강해야 뇌도 건강합니다 ·061

듣게 해주셔서 감사합니다 ·065

카투사에서 생애 처음 만난 보청기 ·070

옥탑방 스타트업 ·074

호기심과 손재주, 환상궁합이 만든 심상돈표 보청기 ·077

3장 / 나는 대표이사 영업사원입니다

보청기 착용하고 다니는 현장형 CEO ·082

보청기 닥터 심사부 ·086

We Never Say No ·091

경청 마케팅, '듣는 것'이 곧 세일즈 ·096

4장 / 운을 부른 선택들

박수칠 때 떠날 줄 아는 용기 · 100
돈에 흔들리지 않는 소신 · 103
바보똑똑이의 밥사철학 · 107
청각장애인·난청인과의 아름다운 동행 · 110

5장 / CEO 자리를 위해 치러야했던 것들

두려움의 무게_ 1년짜리 계약직 CEO의 두려운 아침 7시 · 124
위기의 무게_ 실패의 심연 속으로… 바닥치기 · 131
외로움의 무게_ 지독한 고독 · 134

6장 / 새로운 시작을 준비하며

인생의 소중한 5가지 절대 무한가치 · 140
소통과 경청, 더 많이 듣기 위한 삶 · 151
나의 MBTI는 행복한 나눔확장형 · 154
귀를 사랑하는 남자 '귀사남' 입니다 · 161

에필로그 : 들어주셔서 감사합니다 · 168

30년 최장수 글로벌 CEO
심상돈의
감사 에세이

1장

내 인생을 바꾼 별의 순간들

19살, 아버지와의 이별 / 감옥으로부터의 사색, 유레카 감옥에서 발견한 '감사' / 미국 스타키 본사와의 냅킨 협상 / 카투사 위생병, 추모의 벽을 세우다

19살, 아버지와의 이별

2024년 4월 13일 어머니 유해도 이장해 아버지가 계신 국립서울현충원으로 함께 모셨습니다. 태극기가 새겨진 유해함에 아버지 심은택, 어머니 강진복 두 분이 계십니다. 이렇게 아버지께 진 빚을 갚아봅니다.

유년시절의 비행, 키 163센티의 콤플렉스 덩어리

서울 왕십리가 고향인 저는 3남 1녀의 장남으로 태어났습니다. 아버지 심은택은 한국은행에 다니셨고 어머니는 돈암동에서 개인병원을 운영하셨습니다. 경제적으로 꽤 유복한 집안이었습니다. 아버지는 키도 크고 풍채가 좋은 상남자셨지만 전혀 가부장적이지 않으셨고 가족들에게 직접 요리를 해주실 정도로 굉장히 가정적이었습니다.

아버지는 낚시와 여행을 좋아하셨는데 장남인 저를 꼭 데리고 다니셨습니다. 어머니는 병원 운영하는 사업가답게 호탕하시고 열린 마음으로 자식들을 이해하고 보듬어주셨습니다. 어머니는 장남인 제가 하는 일은 무조건 찬성하고 밀어주셨습니다. 성격적으로 보면 제가 어머니를 더 많이 닮은 것 같습니다. 가정환경은 남부럽지 않았는데 저는 어린 시절부터 학창시절 내내 콤플렉스 덩어리였습니다.

제 키는 163센티입니다. 중학교 1학년 때 키입니다. 체격도 왜소합니다. 머리가 나쁜 편은 아닌 것 같은데 공부에 흥미가 없던 탓에 썩 잘하지 못했습니다. 아버지는 제가 공부에 취미가 없는데도, 당신처럼 금융권에 취업을 하거나 어머니가 병원을 경영하시니 의대 진학을 원하셨습니다. 그래서, 원하지 않았지만 금융권 취업을 위해 상고로 진학했습니다. 부지런하지도 않았고 게을러서 아침에 일찍 일어나질 못했습니다. 게다가 말도 잘 못해서 친구도 많지 않았습니다.

짱돌 싸움꾼, 가발 쓰고 나이트클럽 다닌 날라리

그런데, 잘한 것이 딱 하나 있었습니다. 싸움과 노는 것은 언제나 1등이었습니다. 어느 하나 제 자신에게 마음에 드는 것이 없고 열등감이 높다보니 싸움에서만큼은 지고 싶지 않았습니다. 삼촌이 합기도 사범이었고 검도와 합기도를 배웠습니다. 배짱과 맷집도 있어서인지 패싸움이 났다하면 물러서는 법이 없었습니다. 다섯 명이 한꺼번에 덤벼도 끄떡없었습니다. 키 작고 단단한 싸움꾼이라고 학창시절 제 별명은 짱돌이었습니다. 체격도 왜소한데 어떻게 싸움에서 매번 이길 수 있었냐고요? 전략적으로 싸웠기 때문입니다. 싸움은 요령입니다. 싸움에서 한 놈만 모질게 패면 그 싸움은 끝납니다. 단, 먼저 싸우는 법은 절대 없었습니다. 상대가 먼저 싸움을 걸어왔을 때만 맞섰습니다.

노는 것도 1등이라 가발을 쓰고 나이트클럽을 다니면서 신나게 놀았습니다. 고등학교 때까지 제 모습은 짱돌 싸움꾼, 변장하고 나이트클럽을 다닌 날라리였습니다. 그래서 학창시절 친구들은 지금의 저를 만나면 감옥에 가 있을법한 사람이 버젓한 사업가로 성공했다면서 믿을 수 없다고 얘기합니다.

사업가 꿈꾼 사색가 청년의 가출

그런데, 학창시절에 싸움만 한건 아닙니다. 싸움은 1등이었고 공부는 꼴찌였지만 저는 꽤 생각이 깊은 '사색가'였습니다. 책을 참 많이 읽었습니다. 톨스토이, 루소, 까뮈 등이 쓴 책읽기를 즐겼습니다. 지금 생각해보면 독서가 제 내면을 성장시켰던 것 같습니다. 그래서 저는 신부의 꿈을 꾸기도 했습니다.

하지만, 성장하면서 사업가에 눈이 갔고, 아버지께 사업을 하고 싶다는 말씀도 드렸습니다. 장남인 제가 의사나 법조인이 되길 원하셨던 아버지는 절대 반대했습니다. 아버지는 제가 꼭 대학을 나와 번듯한 직장생활을 하길 원하셨습니다. 그래서 억지로 상고를 졸업한 후에 재수를 하고 있었습니다. 아버지가 제 앞길을 막는 것 같아서 어느 날 아버지와 크게 다퉜습니다. 그리고 그날 집에서 나왔습니다. 당시 사귀고 있던 여자 친구가 한 살 많은 연상이었는데 그 친구와 속리산으로 놀러갔습니다. 실컷 놀고 집으로 돌아와 보니 집 대문 앞에 근조 등이 걸려있는 것입니다. 처음엔 우리 집이 아닌 줄 알았습니다. 대문을 조심스럽게 열고 들어가 보니 사람들이 저를 붙들고 어디 갔다가 이제 왔냐며, 저를 계속 찾았다면서 아버지가 돌아가셨다는 겁니다. 불과 이틀 전에 아버지와 크게 다툰 기억이 있는데, 그때 아버지는 장남에게 불벼락을 내리실 정도로 건강하셨는데 도무지 믿어지지가 않았습니다.

거짓말 같은 현실에 방으로 들어가 보니 눈앞에 아버지 영정 사진이 놓여 있는 것입니다. 평소 고혈압이 있었던 아버지는 저랑 다툰 날 쓰러지셨고 돌아가신 겁니다. 아버지 연세 고작 마흔다섯 살이었습니다. 그것도 모른 채 저는 속리산에서 술 마시고 신나게 놀았던 것입니다. 제 자신을 용서할 수 없었습니다. 아버지의 영정 사진을 뵐 면목이 없었습니다. 검정색 상복으로 갈아입으면서 한없이 눈물을 쏟았습니다. 아버지와의 마지막이 저는 말다툼이었습니다. 아버지 생애 기억된 장남의 마지막 모습은 화를 내고 집을 나가버린 19살 철없는 뒷모습이었습니다. 아버지께 '감사합니다. 사랑합니다.'라는 말 한마디 못했습니다. 제 자신에게 너무 화가 났습니다.

아버지의 빈자리 채워가며 달라진 나

장남에 대한 기대가 컸던 아버지는 제가 늘 대학에 입학하기를 바라셨습니다. 아버지 장례를 치르고 돌아오는 길에 아버지의 소원대로 반드시 대학에 들어가겠다고 다짐했습니다. 친구들 연락처부터 없앴고 독하게 공부에 매달렸습니다. 대입시험을 두 달 남짓 남은 시기였습니다. 저는 대학에 합격했고 학업도 열심히 했습니다. 장남으로 역할을 다하지 못한 죄책감과 책임감으로 아버지의 빈자리를 채우기 위해 대학을 다니면서 막노동에서 보험, 가구, 책 영업, 페인트공, 이삿짐센터 아르바이트 등 닥치는 대로 일을 했습니다.

후회 없는 삶을 살겠다고 제 스스로를 채찍질하며 앞만 보고 달렸습니다. 가족들을 위해 집도 불렸습니다. 아버지가 물려주신 유산으로 아파트 한 채가 있었습니다. 그 아파트 한 채로 다섯 식구가 살아야 했습니다. 저는 당시 말죽거리 가구점에서 아르바이트를 했었는데 그때 막 은마아파트가 입주를 하고 있었습니다. 저는 아파트로 찾아가 이삿짐 옮기는 일을 도와주었고, 고마워하는 아주머니들에게 가구 카탈로그를 보여주며 자연스럽게 가구 영업을 했습니다. 가구를 배달해주고 아주머니들 사이에서 오가는 얘기를 귀동냥으로 들어보니 아파트를 사고

팔면서 돈을 꽤 많이 모았다는 것입니다. 일면식도 없는 아주머니를 찾아가 저도 부동산으로 돈 좀 벌게 해달라고 졸랐습니다. 21살짜리 청년이 집안을 돕겠다고 나선 것이 기특하게 보였는지, 아파트 투자하는 법을 알려주었고, 아버지가 물려주신 아파트 한 채로 3층짜리 작은 빌딩을 살 정도로 돈을 불렸습니다. 그렇게 경제적 기반을 마련했고 그 돈으로 가족들이 생활하며 동생들은 대학 공부까지 잘 마칠 수 있었습니다. 아버지에 대한 빚을 일부라도 이렇게 갚을 수 있어서 감사했습니다. 19살 아버지와의 이별은 제 인생에 가장 큰 전환점이 됐습니다.

72년 만에 아버지 앞에 첫 거수경례

1931년생인 아버지는 6·25전쟁 참전용사입니다. 경기도 양평군에서 살다가 18살이던 1949년 군에 입대하셨습니다. 다음해 6·25전쟁이 터졌고 아버지는 육군 6사단 의무대 소속 위생병으로 전투에 참전했습니다. 기록을 보니 아버지는 북한군의 남하를 저지한 춘천지구전투에서 활약하고, 낙동강, 압록강 등에서 이뤄진 작전에도 참여하셨습니다. 아버지는 생전에 6.25전쟁 때 압록강까지 갔었고 눈앞에서 전우가 죽는 것을 수없이 봤다고 말씀하곤 했습니다.

정전협정 이후 아버지는 1954년 4월 일등중사로 전역하셨습니다. 그런데, 2021년 3월 육군으로부터 연락이 왔습니다. 아버지가 화랑무공훈장 대상이라는 것입니다. 전쟁 첫 해인 1950년 12월 아버지에게 금성 화랑무공훈장을 수여하기로 결정된 기록이 남아 있었습니다. 그런데, 전쟁 상황이 급박하다보니 대상자에게 미처 전달되지 못했던 것입니다. 2022년 5월25일 72년 만에 아버지는 6·25전쟁 참전용사로 화랑무공훈장을 받게 되신 겁니다.

아버지 사진 앞에 훈장을 놓고 저는 아버지께 처음으로 거수경례를 했습니다. 살아계실 때는 한 번도 해본 적 없는 거수경례였습니다. 그리고 2024년 4월13일 어머니 유해도 이장해 아버지가 계신 국립서울현충원으로 함께 모셨습니다. 태극기가 새겨진 유해함에 아버지 심은택, 어머니 강진복 두 분이 계십니다. 이렇게 아버지께 진 빚을 갚아봅니다. 40대에 남편을 떠나보낸 어머니도 50년 만에 남편 곁에 머물게 됐습니다. 두 분을 함께 모실 수 있어서 감사합니다.

감옥으로부터의 사색
유레카 감옥에서 발견한 '감사'

'행운의 여신이 가장 좋아하는 사람은 행동하는 사람'이라고 했습니다. 겸손과 감사의 마음으로 선한 생각을 바로 행동으로 옮겼더니 그 뒤로 정말 계속 좋은 일이 생겼습니다. 그렇게 저는 '운 좋은 사람'이 됐습니다.

저는 1998년 구치소에 수감된 적이 있습니다. 제가 구치소에 다녀온 얘기는 책을 통해서 처음 밝히는 것입니다. 다 보청기 때문에 벌어진 일입니다.

당시 보청기는 의료기기로 분류돼서 약사법의 적용을 받았습니다. 저는 그때 귀에 본을 떠서 사람에게 맞춰주는 '맞춤형 보청기'를 별도 제작해서 판매하고 있었습니다. 사람마다 귀 모양이 다 다르기 때문에 착용감이 좀 더 편안하도록 자체 개발한 것입니다.

그런데, 어느 날 제가 약사법을 위반했다면서 고소장이 날라 왔습니다. 타 업체가 저를 고발한 것입니다. 이유를 물어보니 보청기는 의료기기이기 때문에 보청기를 개인별로 맞춤형 제작을 하려면 하나하나 다 식약처에 허가를 받아야 한다는 것입니다. 그런데 그 허가 과정이 매우 까다로워서 보청기 한 개당 6개월 이상 걸립니다. 그렇게 해서는 보청기를 판매할 수도 없고 당장 듣는 것이 급한 난청인들의 답답함과 불편함은 이루 말할 수가 없습니다.

저를 고발한 업체가 대구에 있었기 때문에 수사는 대구에서 이뤄졌습니다. 경찰은 대구에 가서 사실 그대로 진술을 하고 오라고 해서 그러면 되는가보다 싶어 수사 받고 진술을 했는데 약사법을 위반했다는 이유로 구속 영장이 발부됐습니다. 1998년 7월부터 45일간 대구구치소에 수감됐습니다. 그 뜨거운 여름날 구치소 수용자의 옷을 갈아입고, 양손이 포승줄에 묶여서 이동하는데 정말 비참했습니다. 변호사는 구속적부심으로 곧 풀려날 것이라고 했지만 풀려날 기미는 보이지 않았습니다.

다리 뻗고 누울 자리 없는 벽만 바라봐야했던 구치소

저는 10명이 함께 머무는 감방에 들어갔습니다. 영화와 드라마에 흔히 봤던 장면을 제가 겪게 됐습니다. 바로 신입 수용자 길들이기였습니다. 기존 수용자들은 저를 벽만 보고 앉아있게 했습니다. 말을 건네면 죽일

듯이 노려보면서 당장 저를 때릴 것 같이 굴었습니다. 잠을 잘 때도 누울 곳이 없었습니다.

고 신영복 선생의 책《감옥으로부터의 사색》에서는 '여름 징역은 자기의 바로 옆 사람을 증오하게 한다. 모로 누워 칼잠을 자야 하는 좁은 잠자리는 옆 사람을 단지 37도의 열 덩어리로만 느끼게 한다'고 했는데 구치소에 가보니 딱 그랬습니다. 에어컨은커녕 선풍기 없이 지내다보니 숨이 턱턱 막혔습니다.

그렇게 이틀을 지내고보니 언제 풀려날지도 모르는데 도저히 이대로는 안 되겠다 싶었습니다. 범죄인들과 함께 지내다보니 소위 '멘붕'이 왔습니다. 제 영혼이 갉아 먹히는 것 같았습니다. 그런데 방장을 보니 볕이 잘 드는 창가 아래에 늘 앉아 있었고, 두 다리 뻗고 잘 곳이 마련돼 있었습니다. 저는 그때 기왕 구치소에 있을 거 '방장'이 돼야겠다고 생각했습니다.

그 길로 변호사에게 연락을 했고, 같은 방 수용자들에게 사식을 제공했습니다. 빵, 우유, 음료수 등 10인분 이상 주문해서 배가 터지도록 대접했습니다. 매일매일을 푸짐하게 얻어먹자 수용자들은 저를 우호적으로 대했습니다. 그리고 자신이 왜 구치소에 오게 됐는지 속내 얘기를 꺼내기 시작했습니다. 저는 그들의 얘기를 잘 들어주었고 적절한 조언도 해주었습니다. 대화를 나누면서 수용자들과 가까워졌고 구치소 수감 2주 만에 드디어 '방장'이 됐습니다.

슬기로운 감방생활

방장이 되자 그럭저럭 구치소 수감생활도 견딜만해졌습니다. 우선 제 공간이 확보됐고, 두 다리 쭉 펴고 누워 잘 수 있었습니다. 수용자들과도 꽤나 친해져서 하루가 무료하거나 답답하진 않았습니다. 수용자 중 한 명이 '제비' 출신이라 수용자들에게 사교춤을 가르쳐주기도 했습니다. 감방 안에서 생전 처음으로 사교댄스까지 배웠습니다.

한 수용자는 명리학을 공부한 사람이었는데, 수용자들의 토정비결과 사주팔자를 봐주었습니다. 제 사주팔자를 보더니 관속에 들어가 있을 시기라며 감방이 관이라고 해석을 해줘서 웃었던 기억이 납니다. 한 젊은 친구는 사기로 온라인쇼핑을 운영해서 잡혀왔는데 말을 건네 보니 꽤 똑똑했습니다. 사기 칠 머리로 공부해서 제대로 사업을 하라고 권유해주면서 틈틈이 영어공부도 시켜주고 사업 노하우를 알려주기도 했습니다.

그리고, 저는 그 안에서 성경을 읽었습니다. 성경을 한 장 한 장 읽어나가면서 신이 왜 나를 감방에 보냈는지 그 이유를 발견하게 됐습니다. 구치소에 수감된 것이 1998년으로 외환위기 직후였습니다. 저는 외국계 기업 CEO였기 때문에 월급을 달러로 받았습니다. 원·달러 환율이 치솟은 때라 원화로 바꾸면 월급은 2배 이상으로 불었습니다. 또, 제가 경영하던 회사도 스타키그룹에 매각할 때 매각 대금을 달러로 받았는데 그 돈을 환전하지 않아서 그 역시 2배 이상의 환차익을 얻으면서 큰 돈을 손에 쥘 수 있었습니다. 그렇게 돈을 손에 쥐고 나니 온 세상이 제 것이 된 것 같았고 두려울 것이 하나 없었습니다. 그렇게 저도 모르게 교만해졌습니다.

그러던 차에 제가 감방에 갇혀 지내게 된 것입니다. 그것도 감옥살이 최악의 계절인 '한여름'에, 그것도 한반도에서 가장 뜨거운 대구에서 말입니다. 감방생활은 정말 비열하고 비참했습니다. 선풍기가 없다보니 가만히 앉아 있어도 땀이 비 오듯 흘렀습니다. 10명의 남자가 그렇게 땀을 흘려대니 감방 안은 늘 축축하고 쾌쾌한 냄새가 진동했습니다. 화장실도 감방 안에 있으니 그 냄새가 오죽 했겠습니까. 그 안에서 밥도 먹어야 했습니다. 조사를 받으러 갈 때마다 양손은 포승줄로 묶이고, 조사가 다 끝나면 신체검사를 위해 팬티까지 벗고 항문검사까지 받아야했습니다. 정말 치욕스러웠습니다. 이런 생활 속에 제가 만난 것이 '성경'이었던 것입니다. 구치소에 수감된 45일 동안 매일 성경을 읽고 또 읽었습니다.

그리고 그 안에서 저는 제 인생의 좌우명이 될 말씀을 발견했습니다.

『삼가 누가 누구에게든지 악으로 악을 갚지 말게 하고 서로 대하든지 모든 사람을 대하든지 항상 선을 따르라 항상 기뻐하라 쉬지 말고 기도하라 범사에 감사하라』 *데살로니가전서 5장 15절~18절*

『사람이 마음으로 자기의 길을 계획할지라도 그의 걸음을 인도하시는 이는 여호와시니라.』 *잠언 16장 9절*

이 말씀을 발견하면서 가슴에 굉장한 울림을 느꼈습니다. 아르키메데스가 목욕탕에 넘치는 물을 보고 '유레카'라고 외쳤듯이 저도 강렬한 깨달음을 느끼며 '유레카'라 외치며 무릎을 쳤습니다. 그리고 그때 결심했습니다. '세상은 혼자 사는 것이 아니다. 겸손하자. 도움이 필요한 사람들의 목소리에 귀를 기울이자. 매사에 감사하자'고 말입니다.

구치소에서 나온 뒤로 저는 당장 법을 바꾸는 작업부터 했습니다. 식약처 시행규칙을 바꿔서 개인별 맞춤형 보청기를 제작할 때 일일이 식약처의 신고하지 않아도 되도록 했습니다. 그리고 한국장애인부모회와 인연을 맺었고 청각장애인에게 보청기를 지원하고 가족과 함께 여행할 수 있는 일 등 '나눔 활동'을 본격적으로 시작했습니다.

5천 년 전 고대 바빌론에 살았던 부자들 얘기에 따르면 '행운의 여신이 가장 좋아하는 사람은 행동하는 사람이다'라고 했습니다. 겸손과 감사의 마음으로 선한 생각을 바로 행동으로 옮겼더니 그 뒤로 정말 계속 좋은 일이 생겼습니다. 그렇게 저는 '운 좋은 사람'이 됐습니다.

미국 스타키 본사와의 냅킨 협상

1996년 1월 미국 스타키 본사와의 '냅킨 협상'으로 외국계 CEO라는 새로운 도전을 하게 됐고 월급 받는 CEO로 새출발을 하게 됐습니다. 제 인생 방향의 키(KEY)가 스타키(STARKEY)로 새롭게 열리게 된 것입니다.

1983년 동산보청기를 설립할 당시 보청기는 필립스, 지멘스, 스타키 등 해외제품이 전부라서 그때부터 스타키와는 인연이 있었습니다. 1983년부터 스타키 제품을 판매해왔고 1989년부터는 제가 스타키 제품을 독점으로 판매할 수 있는 권한을 갖게 됐습니다. 스타키로부터 그만큼 신뢰가 두터웠기 때문입니다.

1993년 미국 스타키 본사 '빌 오스틴' 회장이 한국 시장 진출을 위해 방한 (스타키코리아 설립 전 만남 사진).

2020년대 '빌 오스틴' 회장. 지난 40년간 이어져온 빌 오스틴 회장과의 인연은 한국 보청기 시장 발전의 역사와 함께 했다. 앞으로도 오스틴 회장과의 협력은 많은 사람에게 희망과 기쁨을 선사할 것이다.

새벽 2시 30분 걸려온 美 스타키 본사의 전화 한 통

당시 미국 스타키 본사 오너가 빌 오스틴(Bill Austin)이었는데, 한국시간으로 새벽 2시 30분 즈음에 전화가 왔습니다. 한국시간 시차 계산을 못하고 전화를 한 것 같았습니다. 하지만, 저는 해외업체와 지속적으로 연락을 해야 하는 에이전트로 해외에서 새벽에 전화 오는 것이 크게 문제가 되지 않았습니다.

자연스럽게 낮인 것처럼 빌 오스틴 회장의 전화를 받았고 보청기와 관련해서 한참 동안 얘기를 나눴습니다. 전화 통화가 마무리 되어갈 즈음 빌 오스틴 회장이 시차 계산을 생각하지 못한 것 같다면서 한국시간이 몇 시냐고 묻는 것입니다. 그래서 저는 지금 새벽 2시 30분이라고 얘기했더니 빌 오스틴 회장이 매우 멋쩍어하면서 잠도 못 자게 해서 미안하다고 했다. 그는 내가 아무렇지도 않게 전화를 받아서 낮인 줄 알았다는 겁니다. 그래서 저는 해외업체와 손발을 맞춰야하기 때문에 1년 365일 24시간 깨어있다고 그에게 얘기했습니다.

그 일 이후로 빌 오스틴 회장은 저를 더욱더 신뢰하게 됐고 스타키코리아를 맡아달라고 스카우트 제의를 해왔습니다. 하지만, 그때 만해도 저는 오너십을 갖고 제 사업을 이어가고 있었고 매출도 계속 성장하고 있었기 때문에 굳이 미국 스타키 본사의 제의를 받아들일 이유가 없었습니다. 한결같이 꾸준하고 성실하게 보청기 판매를 이어가던 중에 1989년 미국 스타키 본사에서는 저를 믿고 스타키 제품 판매 독점권을 내준 것입니다.

그리고 1996년 1월 스타키 본사에서 사업 논의 차 미국에 와달라는 연락을 받았습니다. 저는 스타키 보청기 에이전트 자격으로 본사가 있는 미국 미네소타주 미니애폴리스(Minneapolis)로 건너갔고, 메리어트호텔에서 빌 오스틴 회장을 만났습니다.

美 본사 스카우트 제의 받고 냅킨에 사인

빌 오스틴 회장은 그 자리에서 저에게 스타키코리아 대표이사를 맡아달라고 제의를 했습니다. 그동안에도 빌 오스틴 회장은 지속적으로 스타키코리아를 맡아달라는 얘기를 해왔지만, 그때 빌 오스틴 회장은 보다 강렬하게 저를 설득했습니다. 여러 고민 끝에 저는 스타키코리아 대표이사직을 수락했는데, 구두 계약은 언제든 번복할 수 있다면서 빌 오스틴 회장은 테이블에 있는 냅킨에 간단히 계약내용을 쓰더니 사인을 하라는 것입니다.

계약 내용은 제가 스타키코리아 대표이사직을 수락하며, 제 회사인 동산보청기와 보청기 공장을 스타키 본사에 매각하겠다는 것이었습니다. 1996년 1월 미국 스타키 본사와의 냅킨 협상으로 저는 외국계 CEO라는 새로운 도전을 하게 됐고 월급 받는 CEO로 새출발을 하게 됐습니다. 제 인생 방향의 키(KEY)가 스타키(STARKEY)로 새롭게 열리게 된 것입니다. 1996년 3월 1일자로 저는 스타키코리아 대표이사가 됐고 스타키와의 30년 인연이 시작되면서 한 세기를 함께 보내게 됐습니다.

카투사 위생병, 추모의 벽을 세우다

1979년 카투사 위생병으로 입대했던 22살의 청년이 32년이 지나 추모의 벽 건립에 촉매제가 되어 추모의 벽을 완성시킬 수 있었다는 것이 저는 더없이 자랑스럽고 감사하게 생각합니다.

카투사에서 군 생활 역시 제 인생의 전환점이 된 선택으로 사업가의 꿈을 키운 저에게 사업 방향을 정하는데 결정적인 역할을 했습니다. 미국계 기업 스타키코리아 CEO가 됐을 때 미국식 비즈니스에 적응하는 속도가 빨랐던 것도 카투사에서의 경험 덕분입니다.

나눔을 체험하게 해준 카투사 흑인 병사

군 입대를 카투사로 결정한 것은 군대에서 뭐라도 배우고 싶어서였습니다. 카투사에 가면 영어도 배울 수 있고 미국 문화를 접할 수 있다는 생각에서였습니다. 제 예상대로 카투사 군 생활은 제 인생의 전환점이 됐습니다. 3년 동안 영어를 사용하다보니 영어 실력을 갖추게 되었고, 그곳에서 보청기도 처음 알게 됐기 때문입니다.

저는 미군 병사들과 꽤 사이가 좋았습니다. 특히, 저를 형제처럼 대해준 흑인 병사가 있었는데, 그 친구가 한국 보육원에 가서 아이들과 놀아주고 싶다며 함께 가달라는 부탁을 했습니다. 주말과 휴일에 쉬고 싶을 텐데 굳이 봉사활동을 하겠다고 나서는 흑인 병사를 보면서 '나눔'에 대해 저도 눈을 뜨게 됐습니다.

보육원에서 흑인 병사와 아이들과 마음을 나누고 베푸는 동안 제 영혼까지 맑게 치유되는 것 같았습니다. 봉사활동의 가치와 의미를 온몸으로 체험한 시간이었습니다. 그때의 경험이 지금까지 이어지고 있습니다.

미국문화가 가르쳐준 공사 구분법

카투사에 입대하면서 영어이름을 리차드(Richard)로 지었는데, 카투사 미군들은 저를 'Richard brother'라고 부르면서 농담도 주고받고 같이 운동도 하고 식사도 하면서 매우 가깝게 지냈습니다. 그러나, 제가 어떤 실수를 하거나 잘못한 일이 있으면 절대 봐주지 않았습니다. 저에 대한 군 생활 일거수일투족을 다 기록하고 평가했고 저의 실수와 잘못은 바로 상관에게 보고 됐습니다. 한국인들은 서로 친해지면 웬만한 실수는 눈감아주고 넘어가기도 하는데 미군들은 인간적으로 가까운 것과 일은 절대로 연관 짓지 않았습니다. 저에게 딱 한마디 'sorry'라고 할 뿐 양보와 타협 같은 것은 없습니다. 이런 미국문화를 접하면서 처음에는 당황스러웠고 서운함을 넘어 배신감마저 들었습니다.

그런데, 이런 냉정하고 냉철한 미국문화는 스타키에서 CEO로 일하면서 굉장히 큰 도움이 됐습니다. 스타키도 평가에는 굉장히 냉정합니다. 제가 스타키 회장과 가까운 사이라고 해도 매출이 좋지 않거나 어떤 문제가 발생하면 바로 질책으로 이어집니다. 그래서 늘 긴장을 늦추지 말아야하고 일에 있어서 빈틈을 보여서는 안 됩니다.

이렇게 30년을 지내다보니 공과 사를 확실히 구분하게 됐고 성과를 낼 수 있었습니다. 카투사에서의 경험은 미국 회사 CEO의 역할 수행을 하는데 좀 더 빨리 적응할 수 있는 밑거름이 됐습니다.

카투사는 제 인생의 전환점이 된 감사한 나날들이기에 저는 그 은혜에 보답하는 심정으로 2007년 한국 최초로 대한민국 카투사 전우회를 만들었습니다. 카투사가 미군 중심이긴 하지만 카투사 소속으로 6·25 전쟁에 참전해서 나라를 위해 목숨을 바친 한국군 카투사들이 꽤 많고, 보이지 않게 헌신한 한국 카투사들이 많다는 것을 알게 되면서 전우회를 조직, 한국 카투사들 간에 전우애를 다지기로 한 것입니다.

2011년 비행기 안에서 '추모의 벽' 건립 기사 접해

카투사 전우회를 설립하고 4년 뒤 저는 또 한 번의 운명적인 전환점을 만나게 됐습니다. 2011년 미국 본사 회의에 참석하기 위해 미국에 가던 중에 비행기에서 우연히 6·25전쟁 참전용사인 윌리엄 웨버(William Weber) 예비역 대령이 전사한 전우와 카투사를 기념하기 위해 워싱턴에 추모의 벽(Wall of Remembrance) 건립을 추진 중이라는 신문기사를 읽게 된 것입니다.

1945년 1월 육군 보병 소위로 임관한 웨버 대령은 1950년 6·25전쟁이 발발하자 육군 187 공수 낙하산 부대 소속 작전장교(대위)로 참전했습니다. 같은 해 9월 인천상륙작전에도 참여했고 서울 수복 이후 전투에서 잇따라 승리하며 북으로 진군했습니다.

그런데, 1951년 2월 15일 중대장 보직을 맡고 중공군 2개 중대가 점령하던 원주 북쪽 324고지에서 병력이 4배 많은 중공군을 상대로 12시간 넘는 전투 끝에 수류탄에 맞아 오른팔을 잃고 다음 날 새벽 박격포탄 공격으로 오른쪽 다리마저 잃었습니다.

치명상을 입었지만 중대장으로 끝까지 전투를 지휘했고 점령 임무를 완수한 뒤에야 본국으로 후송됐습니다. 웨버 대령은 장애가 심각했지만 예편하지 않고 1년 만에 현역으로 복귀했습니다. 미국 역사를 통틀어

나는 윌리엄 웨버 대령께 추모의 벽 건립에 힘을 보태고 싶다는 뜻을 전했다.

2022년 7월 27일 완공된 워싱턴DC 추모의 벽

1장 ──── 내 인생을 바꾼 별의 순간들

팔다리를 잃은 장병의 현역 복귀 사례는 웨버 대령을 포함해 둘밖에 없는 것으로 알려져 있습니다.

윌리엄 웨버 대령은 전역 후에 한국전쟁 참전용사 기념재단 회장을 맡아 미국에서 한국전쟁을 알리는 활동을 하면서, 1995년 워싱턴DC 한국전쟁 참전용사 기념공원 내에 '19인 용사상'을 세우는 일에도 앞장섰습니다. 19인 용사상 대열 후미에 판초 우의를 입고 M1 소총을 멘 군인 조형물이 윌리엄 웨버 대령입니다.

그는 80세가 되던 2005년부터 인생 마지막 과업으로 추모의 벽 설치를 위해 백방으로 뛰었고, 2011년 7월 15일 '추모의 벽' 법안(HR 2563)이 연방 하원 자연자원위원회에 상정되도록 했습니다. 하지만, 법안이 상정된 지 9개월이 지나도록 표결이 이루어지지 않은 채 표류되자 웨버 대령이 법안이 조속히 통과될 수 있도록 한인들과 지역구 의원들이 나서 달라며 호소한 것입니다.

특히, 내셔널 몰을 관리하는 공원관리국과 이곳에 설치하는 조형물을 심사하는 국립미술위원회에서 추모의 벽 설립을 반대하고 나서 법안 통과가 쉽지 않은 상황이었습니다. 국립미술위원회는 한국전쟁기념관에 추모의 벽을 설치할 경우 가까이 있는 베트남 참전 기념비와 비슷해진다는 이유로 반대한다는 것입니다. 공원관리국은 새 조형물을 설치할 경우 관리 비용이 추가로 든다며 예산 조달에 난색을 표시했습니다.

6·25전쟁에서 수훈한 영국 최고무공 훈장인 빅토리아십자훈장을
한국에 기증한 윌리엄 스피크먼씨에게 스타키보청기 기증_2015년4월

1장 ——— 내 인생을 바꾼 별의 순간들

윌리엄 웨버 대령 수소문 끝에 만나다

저는 미국에 한국전쟁을 알리고 전사자들의 희생을 기리기 위한 작업을 윌리엄 웨버 대령 혼자서 고군분투한다는 사실에 가슴이 뜨거워졌고, 미국 스타키 본사 회의를 마치자마자 윌리엄 웨버 대령을 수소문해서 미네소타에서 메릴랜드주로 날아가 뉴윈저에서 웨버 대령을 만났습니다. 85세의 웨버 대령은 오른팔과 다리를 잃어 중심을 잡지 못하고 삐딱하게 서 있었지만 훤칠하게 큰 키에 늠름함을 잃지 않은 위엄 있고 반듯한 그의 표정에서 용맹했던 참 군인이었음이 느껴졌습니다.

특히, 추모의 벽 건립과 관련해 대화를 나누는데 웨버 대령의 눈빛은 애잔했고 간절했습니다. 추모의 벽 건립 사업에는 700~800만 달러가 든다는데, 재원 조달 방법에 대해 물으니, 한 개에 15달러 하는 DVD를 팔아 모아 보겠다는 겁니다. 웨버 대령은 정전 60주년인 2013년 7월 27일 완공을 목표로 하고 있었는데, 당시가 2011년이었으니 2년 안에 추모의 벽 설립허가도 받아야 하고 재원까지 마련한다는 건 매우 어려워 보였습니다.

추모의 벽 건립기금 위해 명화 50여점 기부

어떻게 도움을 줄 수 있을까 하다가 갖고 있던 50여점의 그림을 기증하기로 했습니다. 그 그림은 제가 후원하던 오세영 화백의 작품으로 오 화백은 난청으로 꽤 오랜 시간 고생했고 저와 깊은 인연이 있었습니다.

카투사 제도 창설 60주년 기념식 행사

1장 ──── 내 인생을 바꾼 별의 순간들

그림들은 미술관을 건립해 전시해두려던 것인데 보다 뜻깊은 곳에 쓰고 싶어졌고, 제 기부가 추모의 벽 건립 자금 모집에 불씨가 돼서 더 많은 기금이 모이길 바라는 마음이 컸습니다.

기증 증서는 2011년 7월 27일 정전협정 58주년 기념행사가 열린 미국 버지니아 주 알링턴 소재 크라운플라자호텔에서 웨버 대령께 전달했습니다. 기증 증서를 받던 날 웨버 대령은 '드디어 꿈을 이루게 됐다'면서 뜨거운 눈물을 흘렸습니다.

제가 그림을 기부하겠다는 약정으로 추모의 벽 기금 마련에 대한 계획서가 미국 국회에 제출됐고, 2016년 10월 7일 '한국전 참전용사 추모의 벽 건립에 관한 법안(HR 1475)'이 미 상원을 통과하면서 추모의 벽을 설치할 수 있게 됐습니다. 법은 통과됐지만 여전히 예산 확보는 어려움이 컸습니다. 저는 카투사 전우회 회장 자격으로 국가보훈처 차장을 찾아가서 추모의 벽 건립 계획을 자세히 설명했고 정부가 동참해줄 것을 간곡히 부탁했습니다. 그리고 얼마 후 기적 같은 일이 벌어졌습니다. 추모의 벽 사업 예산 274억 원 중에서 국가보훈처가 266억 원을 지원하기로 한 것입니다. 그 비용 마련에는 많은 기업과 국민 성금, 군인회, 추모재단 등이 함께 했습니다. 266억 원은 추모의 벽 디자인과 설계에 사용됐습니다.

2022년 7월 27일 추모의 벽 완공

2021년 5월 21일 추모의 벽은 드디어 착공에 들어갔고, 2022년 7월 27일 미국의 수도 워싱턴 D.C.에 위치한 한국전 참전용사 기념공원에 '추모의 벽'이 완공됐습니다.

추모의 벽은 100개의 화강암 판을 이어 붙여 만든 둘레 130m, 높이 1m의 조형물로 한국 전쟁에서 전사한 3만 6,634명의 미군과 한국인 카투사 전사자 7,174명 등 4만 3,808명의 이름이 두께 72cm의 단단한 화강암 판 위에 군별, 계급, 알파벳 순서로 새겨졌습니다. 당초 추모의 벽에는 전사자 숫자만 기록할 예정이었지만 많은 사람의 요청으로 이름이 새겨지게 된 것입니다.

추모의 벽 앞에서 이름으로 새겨진 미군과 카투사 전사자들의 이름을 읽어보고 매만지면서 가슴이 벅차올랐습니다. 자유는 그냥 얻어지는 것이 아니라는 것을 실감했습니다. 한 가지 안타까운 것은 추모의 벽 건립을 위해 그토록 애썼던 윌리엄 웨버 대령이 추모의 벽 완공을 보지 못하고 2022년 4월 9일, 97세의 일기로 세상을 떠났다는 것입니다. 저는 웨버 대령을 대신해서 추모의 벽 앞에서 거수경례를 올렸습니다. 윌리엄 웨버 대령의 선행에 감동한 저는 그 이후로 난청으로 고생하는 참전용사들에게 더 많은 관심을 갖게 됐습니다. 6·25 참전 UN군 아일랜드와 네덜란드 참전용사에게 보청기와 보청기 배터리를 증정하는 후원을 해오고 있습니다.

1979년 카투사 위생병으로 입대했던 22살의 청년이 32년이 지나 추모의 벽 건립에 촉매제가 되어 추모의 벽을 완성시킬 수 있었다는 것이 저는 더없이 자랑스럽고 감사하게 생각합니다.

30년 최장수 글로벌 CEO
심상돈의
감사 에세이

2장

나는
듣는 사람입니다

국내 보청기 역사 새로 쓴 뉴 프런티어 / 당신의 청력은 안녕하십니까? / 귀가 건강해야 뇌도 건강합니다 / 듣게 해주셔서 감사합니다 / 카투사에서 생애 처음 만난 보청기 / 옥탑방 스타트업 / 호기심과 손재주, 환상궁합이 만든 심상돈표 보청기

국내 보청기 역사 새로 쓴 뉴 프런티어

국내 보청기 발전사의 중심에 제가
있었다는 사실은 굉장한 자부심으로
남습니다. 지난 40여 년간 성능과 디자인,
착용감 등 고객의 만족도를 높이는
보청기를 발전시켜 왔을 뿐 아니라 청각
장애인과 난청인들의 복지제도 개선에
앞장서 왔습니다.

1983년 보청기 사업을 처음 시작한 이후 지난 41년 동안 보청기는 많이 발전했습니다. 그 과정에서 저는 해외에서 새롭게 개발된 보청기를 국내 처음 도입하고, 보청기를 직접 착용해 보고, 청각장애인과 난청인들의 의견을 분석해서 보청기 제조업체에 개선점들을 제안하면서 보청기를 발전시켜 왔습니다.

특히, 1991년 국내 최초로 제가 직접 자체 개발한 맞춤형 고막형 보청기는 보청기가 겉에서 보이지 않도록 귀 안쪽 깊숙이 착용할 수 있기 때문에 그 인기는 굉장했습니다.

국내 보청기 발전사의 그 중심에 제가 있었다는 사실은 굉장한 자부심으로 남습니다. 지난 40여 년간 성능과 디자인, 착용감 등 고객의 만족도를 높이는 보청기를 발전시켜 왔을 뿐 아니라 청각장애인과 난청인들의 복지제도 개선에 앞장서 왔습니다.

인공와우 독점 공급계약 체결은 당시 서울대학교병원 이비인후과 김종선 교수의 적극적인 추천이 큰 도움이 되었습니다. 대한이비인후과학회 이사장으로 오해의 소지가 있을 수 있었음에도 평소 국내 난청 문제 해결에 대한 저의 적극성과 서비스 마인드를 익히 잘 알고 있었던 터라 직접 인공와우 제조사에 서신을 보내는 수고를 아끼지 않았습니다. 보청기로도 도움이 되지 않는 고도 난청과 전농인 경우에 난청을 회복할 수 있는 최후의 수단은 인공와우 시술이 유일했기 때문에 인공와우의 국내 원활한 공급은 국내 난청 문제 해결에 큰 부분을 차지했습니다.

특히, 한쪽 귀 시술비만 2천만 원이 넘는 청력 보조기기 인공와우 이식수술비의 건강보험 적용은 청각장애인과 난청인들의 경제적 부담을 덜어주는 획기적인 일이었습니다. 현재 인공와우 이식수술의 경우 양

보청기의 혁신과 발전

고막형 보청기(CIC)
1993

오픈형 보청기(RIC)
2008

세계 최초
충전식 귓속형 보청기(ITC R, ITE R)
2020

세계 최초
인공지능 보청기
2019

세계 최초
초소형 고막형 보청기(IIC)
2010

쪽 귀 모두 건강보험 혜택이 적용됩니다. 그뿐만 아니라, 보청기에 대해서도 건강보험이 적용되도록 제도를 마련하는데 도움이 되도록 노력했습니다. 지난 40여 년간 국내 처음으로 도입한 보청기와 보청기 주요 개발역사는 다음과 같습니다.

1989년 국내 처음으로 개인별 맞춤형 귓속 형 보청기를 도입했습니다. 이전까지 보청기는 기성 제품을 판매했는데, 이때부터 보청기의 맞춤형 보청기 시대가 열렸습니다.

1990년에는 고막 형 보청기인 필립스 엑스피 제품을 수입해서 국내에 처음으로 소개했습니다.

1991년에는 국내 최초로 맞춤형 고막 형 보청기인 CIC(Comlpetely In The Cannal) 제품을 자체 개발해서 출시했습니다. 이 제품은 귀 안쪽에 깊숙이 들어가는 고막 형 보청기로 밖에서 보청기가 보이지 않습니다.

1992년에는 미국 스타키 본사에 맞춤형 고막 형 보청기 개발 아이디어를 제공하여 미국 본사에서 1993년 CIC 보청기 팀파넷을 출시하는 데 결정적인 역할을 했습니다.

2003년에는 귀걸이형 보청기 OTE를 국내 최초 소개했고, 2005년 국내 최초로 RIC(리시버 인더 커널: Reciver In The Cannal) 보청기를 도입했습니다. RIC 보청기는 귀걸이형으로 리시버가 귓속으로 들어가게 돼 있습니다.

2005년에는 청각 보조기기인 인공와우 이식수술비가 건강보험 혜택을 받게 됐습니다. 이때는 한쪽 귀에만 건강보험 지원을 받았지만, 12년 후인 2017년에는 양쪽 귀 모두 인공와우 이식수술비가 건강보험 적용 대상으로 확대됐습니다.

2010년에는 국내 처음 IIC 인비져블(보이지 않는) 초소형 고막 형 보청기를 출시했고, 2015년 11월부터 청각장애 등록자들이 보청기를 구입할 때 국가보조금을 받게 됐는데, 한국장애인부모회, 한국청각장애인협회, 대한노인회, 이비인후과 전문의, 청각사, 정부 관계자 등이 서로 적극 협업해서 이룬 성과입니다.

5년마다 한 번씩 기초수급자 및 차상위계층의 청각장애 등록자들에게는 최대 131만 원이 지원되고, 일반 청각장애 등록자들은 최대 117만 9천 원을, 15세 이하 청각장애인은 충족 요건에 따라 양쪽 보청기가 지원되면서 최대 262만 원까지 지급받을 수 있게 됐습니다.

2019년에는 AI 인공지능 보청기가 국내 처음으로 출시했습니다. 보청기에 장착된 인공지능이 어떤 환경에서든지 말소리가 잘 들리도록 조절해 주고, 넘어지거나 쓰러졌을 때 보호자나 병원으로 연락이 됩니다. 운동 측정 기능과 인지 측정 기능이 있어서 치매 예방에도 도움을 줍니다. 동시통역 기능으로 외국어가 입력되면 바로 해석해 주며, 텍스트 메시지 전송 기능도 갖춰져 있는 혁신적인 제품입니다.

2020년에는 세계 최초로 충전식 귀속형 인공지능 보청기를 출시했습니다. 귓속형(ITC), 외이도형(ITE) 2가지 타입으로 출시하였으며, 보청기를 주로 사용하는 어르신들이 손의 감각과 시력의 저하로 귓속형 보청기의 경우 작은 사이즈의 배터리를 교체 시 어려움을 느끼는 경우가 많았는데 쉽고 간단한 충전 방식으로 큰 호응을 얻었습니다. 또한 3시간 30분 충전으로 하루 종일 배터리 걱정 없이 사용할 수 있으며 깔끔하고 세련된 퓨어 블랙 컬러로 트렌디함까지 갖췄습니다.

당신의 청력은 안녕하십니까?

치매 예방을 위해서는 뇌에 스트레스를 주지 않고 뇌를 건강하게 관리하는 것이 중요합니다. 또한, 청력 관리도 매우 중요합니다. 난청이 치매 발병률을 높이기 때문입니다. 존스 홉킨스 병원 연구에 의하면 치매 발생률이 난청은 2배, 고도난청은 5배까지 증가한다고 합니다.

인간은 소통하는 사회적 동물로 '호모 커뮤니쿠스(communicus)'라 합니다. 커뮤니쿠스의 어원인 '커뮤니스(communis)'는 라틴어로 '공통' 또는 '공유'를 뜻합니다. 인간 내면에는 강렬한 소통의 욕구가 있어서 그 욕구 덕분에 사람과 사회와 교류하고 스스로 성장, 발전시켜 왔습니다. 소통은 인간의 본성으로 절대로 놓칠 수 없는 삶의 한 부분으로 소통 없이 인간은 살 수 없습니다. 그 소통을 가능하게 하는 핵심 기관이 바로 '

귀'입니다. 소리는 어떻게 듣게 되는 걸까요? 청력이란 무엇일까요?
우리 귀 모양은 깊은 계곡처럼 굴곡이 많은데, 다 소리를 잘 듣게 하기
위한 모양입니다. 소리는 우리 귀에 '외이'라는 기관을 통해 들어옵니
다. 귓바퀴(이개)와 외이도는 소리를 모아주고, 이 소리들은 고막과 이
소골(청소골)을 지나면서 커지는데, 깔때기 모양으로 외이에 있는 고
막과 이소골이 확성기 같은 역할을 하는 것입니다. 우리가 여러 사람
앞에서 얘기할 때 종이를 말아서 깔때기처럼 만들어 얘기하는데, 우리
가 만든 확성기는 바로 고막의 모양에서 착안했다고 봅니다. 고막과 이
소골 덕분에 소리는 최초의 소리보다 약 50데시벨, 300배 이상 커집니
다. 이렇게 커진 소리는 달팽이관으로 전달되는데, 달팽이관 안에 있는
림프액을 진동시키고, 이 진동이 달팽이관 안에 있는 유모세포를 자극
하고, 소리 진동에 자극받은 유모세포가 소리를 전기신호로 바꿔주고
전기신호가 청신경을 통해 뇌로 전달되는 것입니다.

난청 유발과 난청 조기 치료 중요성

아주 큰 소리가 들어가서 충격을 주면 유모세포가 과도하게 일을 하게
되고 결국 세포는 손상을 입고 죽게 되면서 난청이 생깁니다. 유모세포
는 고주파를 담당하는데 소음에 매우 취약합니다. 늘 소음에 노출돼서

양이 해부도

출처: Starkey

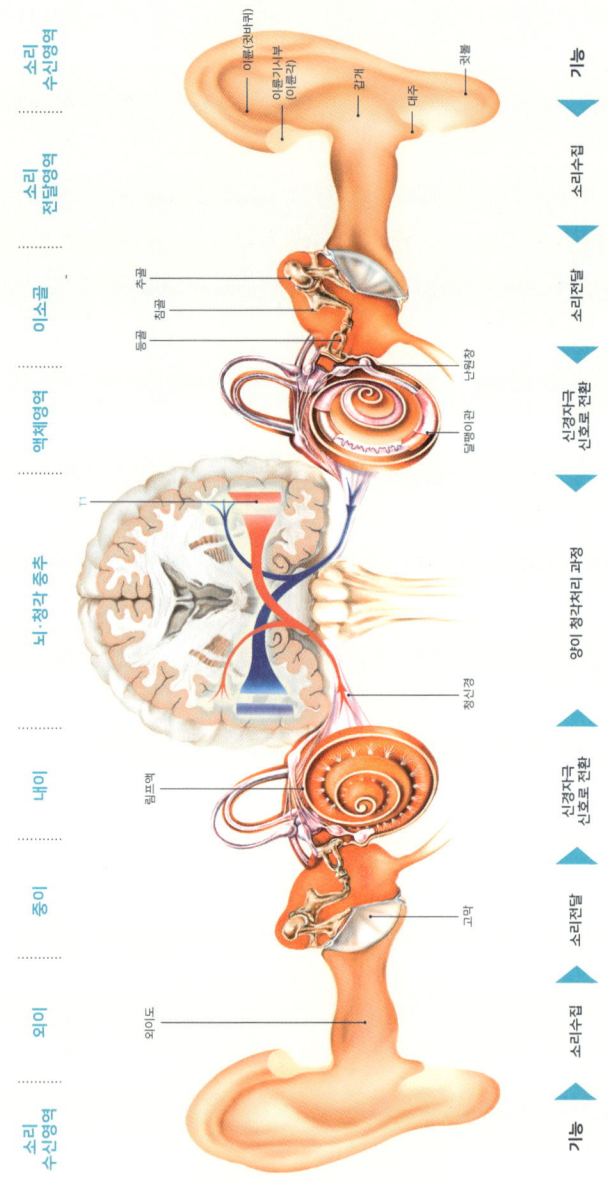

2장 ─── 나는 듣는 사람입니다

일하는 직장인들도 소음성 난청인 경우가 많지만, 최근에는 스마트폰 사용 급증으로 헤드셋이나 이어폰을 계속 꽂고 다니는 청소년들의 소음성 난청이 많이 증가하고 있습니다.

난청에 대해 더 자세히 알아볼까요. 귀와 관련된 기관들은 모두 눈 바로 아래 자리 잡고 있습니다. 광대뼈 안쪽에, 귀에 관련된 기관이 몰려 있습니다. 얼굴 표정을 밝게 한다고 해서 귀에 대한 기관이 더 건강해진다거나 청력이 매우 뛰어나게 좋아지는 건 아니지만, 그래도 표정을 좋게 하면 기분도 좋고 만나는 사람들에게도 좋은 인상을 줄 수 있다는 점에서, 귀와 관련된 기관이 몰려있는 광대뼈 안쪽을 한껏 들어 올려서 늘 웃는 표정을 지으면 참 좋을 것 같습니다. 귀에 관련된 기관을 웃음으로 운동시킨다는 느낌도 줄 수 있지 않을까 이런 상상도 해봅니다.

그런데, 이 귀도 나이가 들면서 늙고 청력 기능도 서서히 약해져서, 높은 음부터 소리를 못 듣게 됩니다. 우리는 일반적으로 65세 이상에서는 25~40%, 75세 이상에서는 50% 이상, 85세 이상 노인은 80% 이상이 난청을 가지고 있습니다. 노화성 난청은 달팽이관에 있는 유모세포뿐 아니라 청신경과 뇌에서 소리의 인지를 담당하는 부분이 노화되면서 소리를 인지하는 기능과 함께 전달된 소리를 이해하는 능력도 떨어집니다.

특히, 고주파수를 담당하는 부분에서 이런 증상이 심하게 나타나서 여자 목소리, 방송에서 대화 내용 등을 이해하기 어려워집니다. 그래서 나이가 든 분들과 대화하면 답답함도 느끼고 이해력이 떨어진다고 생각하게 되는 것입니다. 연세 든 분들이 머리가 나빠지는 것이 절대 아니라 이해력은 청력과 관련이 있기 때문에 노부모님과의 대화를 답답해만 할 것이 아니라 병원에 모시고 가서 청력검사를 통해 청력 기능을 진단해 보고 그에 맞는 치료를 해야 합니다.

난청 치료의 핵심은 청력 정도에 맞는 보청기를 착용하는 데 있습니다. 난청의 정도가 심해질수록 뇌에서 소리를 이해하는 능력도 떨어져서 이해력에 문제를 일으킬 수 있기 때문입니다. 따라서 난청 발생 초기에 보청기 착용은 청력 손상을 막을 수 있을 뿐 아니라 이해력 저하도 예방할 수 있습니다.

이렇듯 난청 치료를 위해서는 보청기의 역할도 매우 큽니다. 인지기능이 비슷한 두 그룹의 난청 환자를 대상으로 보청기를 사용한 환자와 그렇지 않은 환자들을 5년 후에 다시 검사했는데, 보청기를 미착용한 환자들의 인지기능이 보청기를 착용한 환자들에 비해 떨어졌습니다.

우리는 언어를 통해 생각하고 사람과 세상과 소통합니다. 그런데, 청력 손실로 소리를 잘 듣지 못하면서 언어능력이 떨어지면 자연히 인지기능도 저하될 수밖에 없고, 잘 듣지 못하니 대화에 불편함이 생기면서 사람들과 멀어지게 됩니다. 사회활동이 위축되다 보면 혼자 있는 시간이 많아지면서 삶에 우울감이 더해집니다. 게다가, 소리를 잘 듣지 못하게 되면 자동차 경적 소리나 생활 속 위험을 경고하는 소리를 잘 듣지 못해서 안전사고의 위험도 커집니다. 그래서 난청 치료는 매우 중요합니다.

진화하는 보청기 활용법

보청기를 맞추려면 먼저 이비인후과에서 귀 진찰과 청력 검사를 통해서 난청의 원인을 파악하고, 보청기 없이도 청력 개선이 되는지, 맞는 보청기가 무엇인지를 진단해 봐야 합니다. 보청기를 착용해야 한다면 상담을 통해 가격, 난청의 정도, 직업 등을 고려해서 보청기를 선택하고 귀본을 떠서 내 귀에 딱 맞는 보청기를 제작합니다.

보청기가 제작되면 다시 이비인후과를 방문해서 보청기 피팅을 받아야 합니다. 보청기 피팅은 제작된 보청기를 환자가 편안하게 사용할 수 있도록 볼륨과 증폭량 등을 조절하는 과정입니다. 피팅 된 보청기를 착용하고 1~2주 정도 사용해 보면서 볼륨과 착용감 등에서 문제가 없는지 소리가 새어 나가진 않는지 체크해봐야 합니다. 보청기는 최소한 6개월 정도의 적응 기간이 필요합니다.

요즘, 보청기에도 인공지능기술이 더해지면서 그 성능이 나날이 발전하고 있습니다. 청력이 정상적인 경우 사람의 목소리와 주변 소음이 동시에 들려도 두뇌에서 목소리와 소음을 구분해서 중요한 소리만 선택적으로 듣도록 해줍니다. 그런데, 보청기는 소음과 사람의 소리를 구별할 수가 없습니다. 그래서, 보청기를 사용하는 분들이 가장 불편해하는 것이 소리는 들리는데 소리 구분 없이 모든 소리가 다 크게 들려서 시끄럽게 느껴진다는 것입니다.

최근 보청기에는 딥 러닝 프로그램이 장착되면서 소리 구분이 가능해졌습니다. 인공지능 보청기는 소리를 분석해서 목소리와 소음을 구별하게 해주면서 소음을 제거하고 사람 목소리를 크게 들려줍니다. 그뿐만 아니라 보청기에 외국어 번역 기능, 심박동 수나 운동량 측정, 뇌 활동 지수 측정 등의 기술도 있어서 인공지능 보청기는 소리만 잘 듣게 해주는 차원을 넘어서고 있습니다.

귀가 건강해야 뇌도 건강합니다

나이가 많아지면 치매 발생률은 더욱 증가합니다. 그런데 청력이 나쁜 노인은 정상 청력을 가진 노인에 비해 치매 발생 확률이 더욱 높아집니다.

나이가 들면서 청력이 나빠지는 것은 자연스러운 현상입니다. 그런데 안타깝게도 청력이 나빠지면 치매 발생률이 높아집니다. 경도 난청을 가진 노인은 정상 청력을 가진 노인에 비해 치매 발생 확률이 2배 높습니다. 중도 난청은 3배, 고도 난청은 5배 치매 발생률을 높입니다. 즉, 난청의 예방과 치료는 뇌 건강과 직결됩니다.

나이가 들면 왜 청력이 나빠지는 걸까요?

소리의 본질은 진동입니다. 목구멍 속에 있는 성대나 피아노의 현이 진동하면, 주변 공기 분자들이 연쇄적으로 진동합니다. 공기 분자의 진동은 고막과 이소골(소리를 전달하는 고막 속의 작은 뼈)을 거쳐 달팽이관에 전달됩니다. 달팽이관 속에는 막 싹이 돋은 감자처럼 생긴 청각 유모세포 약 3,500개가 일렬로 배열되어 있습니다. 이 청각 유모세포들이 진동을 감지하고 그 정보를 뇌로 전달하면 소리를 지각하게 됩니다.

사람의 청각 유모세포들은 20Hz~20,000Hz 사이의 소리만 감지할 수 있습니다. 피아노의 열쇠 구멍 앞 '가운데 도'가 250Hz입니다. 한 옥타브 위의 '높은 도'는 주파수가 두 배가 되어 500Hz이고, 다시 한 옥타브 위의 도는 두 배인 1,000Hz입니다. 한 옥타브 높아질 때마다 진동수는 두 배가 되어 2,000Hz, 4,000Hz, 8,000Hz가 됩니다.

그런데 높은 주파수의 소리를 감지하는 청각 유모세포가 먼저 노화 현상을 겪게 됩니다. 500Hz 소리를 감지하는 청각 유모세포는 1초에 500번 진동하지만 8,000Hz 소리를 감지하는 청각 유모세포는 1초에 8,000번 진동하니, 진동하기를 하루도 쉬지 않고 60년 정도 지나고 나면 8,000Hz를 감지하는 청각 유모세포의 손상이 더 심할 수밖에 없습니다. 그래서 노인이 되면 높은 주파수의 소리, 즉 시계나 가전제품의 알림음, 고음의 여성 목소리를 듣는 것이 어려워지는 것입니다. 큰 소음에 많이 노출되었거나 비만, 당뇨, 고지혈증과 같은 대사질환을 가진

건강한 귀 = 건강한 뇌

경우에는 청각 유모세포의 손상이 더 심해져 난청이 더 일찍, 더 심하게 발생합니다.

난청은 치매를 부릅니다

65세 이상 노인의 약 5~10%가 치매를 앓습니다. 나이가 많아지면 치매 발생률은 더욱 증가합니다. 그런데 청력이 나쁜 노인은 정상 청력을 가진 노인에 비해 치매 발생 확률이 더욱 높아집니다. 미국 존스 홉킨스 대학 등의 연구에 따르면 경도 난청은 2배, 중도 난청은 3배, 고도 난청은 5배 치매 발생률을 높이고, 청력이 10dB 나빠짐에 따라 치매 발생 위험이 20%씩 증가한다고 합니다.

노인에서 청력이 나빠지면 왜 치매 발생 위험이 높아지는 걸까요? 청력이 정상이면 소리를 들을 때 아무런 노력이 필요하지 않습니다. 그러나 청력이 나쁘면 더 많이 집중하고 더 많이 노력해야 소리를 들을 수 있습니다. 소리를 들을 때마다 뇌가 항상 피곤한 상태가 되는 것입니다. 이처럼 청력이 나쁜 노인이 소리를 들을 때는 뇌에 과도한 부하가 걸리는데, 뇌에 가해진 과도한 인지 부하는 뇌신경을 퇴행시키고 뇌 부피를 감소시켜 치매 발생을 촉진합니다.

중도 난청(청력 40dB HL 이상)이 되면 치매 발생률은 3배 증가합니다. 그런데 보건복지부 한국보건사회연구원에 따르면 우리나라 노인 중 중도 이상의 난청을 가진 비율은 60대가 13.2%, 70세 이상은 무려 20%나 된다고 합니다.

귀가 건강하면 뇌도 건강해집니다

아쉽게도 치매를 완벽히 예방할 수 있는 방법은 없습니다. 그러나 치매 발생을 줄일 방법은 있습니다. 치매 발생 위험 요인을 제거하면, 그만큼 치매 발생 확률이 감소합니다. 금연하면 13.9%, 우울증이 사라지면 10.1%, 사회적 고립이 해소되면 5.9%, 고혈압이 없어지면 5.1%, 당뇨가 없어지면 3.2% 치매 발생 확률이 감소합니다.

그런데 난청이 없어지면 치매 발생 확률이 무려 23% 감소합니다. 실제로 난청을 가진 노인에게 보청기나 인공와우를 사용하게 했을 때 인지 능력이 개선되고 인지 능력이 나빠지는 속도가 느려지는 현상이 여러 연구에서 밝혀진 바 있습니다.

난청 예방에도 신경을 써야 합니다. 노화성 난청은 청각 유모세포의 손상으로 인해 발생하는데, 한번 손상된 청각 유모세포는 재생되지 않기 때문입니다. 큰 소음에 오랜 시간, 반복적으로 노출되지 않도록 하고, 균형 잡힌 식단과 적절한 운동을 통해 당뇨, 비만, 고지혈증과 같은 대사질환이 발생하지 않도록 하는 것이 난청 예방의 핵심입니다.

듣게 해주셔서 감사합니다

보청기를 낀 꼬마 김동현이 청년이 돼서
인공와우 수술을 받고 정상인처럼 소리를
듣게 되면서 봅슬레이 선수로서 자신의
꿈을 이뤄가는 과정을 보면서 그가 참
대단하다는 생각을 했습니다.

"태어나면서부터 소리를 들어본 기억이 없어요. 소리 없이 사는 게 당연한 줄 알았어요. '세상은 조용하구나'라고 생각했어요."
한국 봅슬레이 기둥이자 간판 국가대표 김동현 선수의 얘깁니다. 김동현 선수는 2018년 평창동계올림픽에 출전한 봅슬레이 29개 팀 중 2위를 차지하면서 올림픽 봅슬레이 종목에서 한국 최초로 메달을 안겼습니다. 김 선수의 은메달 소식이 더 감격스러웠던 것은 그는 양쪽 귀가 들리지 않는 청각장애 3급으로 스무 살까지 소리 없는 세상에서 살았는데, 그 청력 장애를 뛰어넘고 올림픽 메달리스트가 됐기 때문입니다.

선천성 청각장애로 소리 듣지 못해

1987년생인 김동현 선수는 선천성 청각장애인으로 태어나면서부터 소리를 듣지 못했기 때문에 난청에 대한 개념조차 없었습니다. 그러다 1993년 김동현 선수가 7살 때 생애 처음 스타키 보청기를 착용하게 됐습니다. 그가 처음 착용한 보청기는 귀걸이형으로 보청기가 겉에서 보였던 모델입니다. 그런데, 사춘기에 접어들면서 보청기를 착용하는 사실을 숨기고 싶어 했습니다. 때마침 스타키코리아가 초소형 고막형 보청기를 개발해 출시했고, 김 선수는 귓속에 쏙 들어가는 보청기 착용으로 민감하고 예민한 사춘기 시절을 잘 보냈다고 얘기합니다.

김동현 선수를 통해 사춘기 청소년들에게는 들리지 않는 고통도 있지만 보청기 착용에 대한 부끄러움이 더 크다는 것을 알게 됐습니다. 그 이후 청소년들에게 보청기 피팅 서비스를 해줄 때는 그들의 마음까지 헤아리고 보청기는 안경과 같은 것이라고 얘기해주며 다독여줬습니다.

인공와우 수술로 소통의 기쁨 경험

김동현 선수는 보청기에 의지해 희미하게나마 세상의 소리를 만났습니다. 그는 특수학교가 아닌 일반학교를 다니며 공부해서 2006년 일반

전형으로 연세대학교 체육교육학과에 입학했습니다. 참 집념이 대단한 청년입니다.

그 후, 2007년 김동현 선수는 처음으로 오른쪽 귀 인공와우 수술을 받았고 2010년 왼쪽 귀도 인공와우 수술을 받았습니다. 이때부터 김 선수는 세상의 소리를 다 들을 수 있게 됐고 그의 인생은 완전히 달라졌습니다. 그리고 2008년 학과 사무실에 붙은 봅슬레이 대표팀 선발전 공고를 보면서 대한민국 최초 청각장애인 봅슬레이 선수의 꿈을 키우게 됐습니다. 뒤늦게 봅슬레이에 입문했지만 타고난 운동 신경과 강인한 체력, 정신력으로 2010년 밴쿠버 올림픽에서 브레이크맨으로 봅슬레이 4인승 경기에 나서 19위에 올랐습니다. 2014년 소치올림픽에서는 2인승(23위)과 4인승(25위)에 봅슬레이의 핵심인 썰매를 운전하는 파일럿으로 출전했습니다.

그리고 2018년 평창동계올림픽에서 은메달의 주인공이 된 것입니다. 김동현 선수는 평창올림픽 때 현장에서 들렸던 박수갈채와 함성을 잊지 못한다고 합니다. 20살까지 세상의 소리를 제대로 듣지 못했는데, 봅슬레이 국가대표가 되고 올림픽에 출전해 자신을 응원해주는 '함성'을 들었으니 얼마나 가슴이 벅찼을까요? 얼마나 감격스러웠을까요? 보청기를 낀 꼬마 김동현이 청년이 돼서 인공와우 수술을 받고 정상인처럼 소리를 듣게 되면서 봅슬레이 선수로서 자신의 꿈을 이뤄가는 과정을 보면서 그가 참 대단하다는 생각을 했습니다.

봅슬레이 김동현 선수의 감사 메시지

"듣게 해주셔서 꿈을 키웠습니다!"

스무 살 때 인공와우 수술을 통해 세상의 소리를 다 듣게 됐을 때 소음조차도 아름답게 들렸습니다. 소리를 듣게 되고 봅슬레이에 입문하면서 저는 스포츠 선수로 꿈을 키우게 됐습니다. 훈련을 하면서 깨달은 것은 청각장애인으로서 겪는 가장 큰 장애는 소리를 듣지 못하는 것이 아니라 꿈을 잃는 것이었습니다.

사실, 장애는 극복해야 하는 대상이 아닙니다. 장애를 극복할 수는 없어요. 극복해야 한다고 생각하면 너무 힘들거든요. 장애에 대해서 저는 '극복'보다 '수용'이라는 표현을 써요. 수용하는 순간 청각장애가 있는 '저'를 인정하게 되거든요. 그럼 소리를 못 듣는 제가 더 이상 부끄럽지 않고 남들 눈치도 안보며 마음이 편안해집니다. 장애가 있는 '나'를 인정하고 그 다음부터 무엇을 어떻게 해서 나아가야 할지를 생각하는 것이 훨씬 발전적인 일이라고 생각합니다. 저는 소리를 잘 듣지 못하는 대신 집중력을 키웠습니다. 약점을 강점으로 만들기 위해 노력했습니다. 그리고 인공와우 수술을 통해 소리를 듣게 되면서 봅슬레이 선수로 도전하게 됐고 결국 그 꿈을 이루게 됐습니다.

듣게 해주셔서 들리게 해주셔서 얼마나 고마운지 모릅니다. 인공와우 수술을 받고 처음으로 대화를 한 분이 어머니였습니다. 어머니께 전화를 드렸는데 어머니 목소리를 태어나서 처음으로 또렷하게 들을 수 있었습니다. 어머니도 저도 펑펑 울었습니다. 그 다음에 자연의 소리들, 자연의 소리는 고주파라 저는 들어본 적이 없었는데, 인공와우 덕분에 들을 수 있게 됐습니다. 파도 소리, 새 소리가 들리는데 감격 그 자체였습니다.

이렇게 인공와우 덕분에 세상과 소통하게 됐고, 세상을 알게 됐고, 봅슬레이 국가대표가 됐고, 올림픽 메달리스트가 됐고, 국민들에게 사랑받는 선수로 기억됐는데요. 지금은 제 인생을 바꾼 고마운 과정을 청각장애인들에게도 경험시켜 주기 위해서 청각장애인들과 함께 운동하고 언어 재활치료를 하고 있습니다. 그들이 세상의 소리를 듣게 되고 세상과 소통하도록 도와주는 것이 제 소명이라고 생각합니다.

봅슬레이 김동현 선수
귀사남TV 인터뷰 영상 보기

카투사에서 생애 처음 만난 보청기

당시 보청기 판매센터는 서울에 두 세 곳에 불과했고, 남대문 시장에 가면 좌판에서 보청기를 판매하고 있었습니다. 보청기 사업은 그야말로 블루오션으로 보였습니다.

1979년 보청기를 처음 보다

저는 카투사에서 군 생활을 했습니다. 저는 카투사군 병원에서 위생병으로 일했습니다. 병원이다 보니 각종 의료 장비를 접할 기회가 많았습니다. 그때 병원에 별도의 청력검사실이 있었고, 전투기 헬리콥터 조종사, 탱크와 장갑차 운전사, 총, 박격포 등 사격 훈련을 많이 하는 군인들이 수시로 청력검사를 하는 것을 봤습니다.

미군들의 군복에는 배지와 이름표를 달 듯이 투명 귀마개가 다 달려있습니다. 훈련을 할 때마다 귀마개를 착용해야합니다. 그것은 군대에서 그들의 규칙입니다. 각종 포탄 소리, 사격할 때 총소리, 장갑차, 탱크, 덤프트럭 등 큰 소음으로 인해 발생되는 소음성 난청을 예방하기 위해서 반드시 귀마개를 하도록 한 것입니다. 만약 청력검사를 해서, 청력이 안 좋으면 군에서 보청기를 제공해줍니다. 그때 저는 보청기를 처음 봤습니다.

1979년이었으니 보청기 형태는 지금의 모양과는 비교도 할 수 없을 만큼 투박했습니다. 이때부터 자연스럽게 난청에 대해 관심을 갖게 됐습니다. 카투사 군병원에서 늘 의료 장비를 늘 접하다보니, 의료기기 쪽 사업을 하면 괜찮을 것 같다는 생각이 들었습니다. 또 아버지 꿈이 제가 의사가 되는 것이었는데, 의사는 되지 못했지만 의료 관련된 일을 하면 수많은 사람의 생명을 살리는 일이니 어느 정도 의사와도 연관이 있겠다고 생각했습니다.

의료기기 오퍼상에서 회사경영 기초를 닦다

카투사를 전역한 후, 1982년 의료기기 오퍼상에 취업 했습니다. 그 회사는 병원용 소독 장비와 수술 장비 등을 수입하는 업체였습니다. 이곳에서 의료기기 사업의 메커니즘을 배우기로 한 것입니다. 회사 규모가 작다보니 영업, 기획, 수입통관 절차, 재고관리, 마케팅, 수익구조 개선 등 회사 운영 전반에 걸친 내용을 익힐 수 있었습니다. 특히, 그 회사의 골칫거리 중 하나가 창고에 쌓여있는 병원용 소독장비였는데 저는 병원을 일일이 찾아다니며 소독장비의 필요성을 설명했고, 남은 재고를 모두 털어냈습니다. 그렇게 1년 6개월의 시간을 보냈더니 사업에 대한 감이 어느 정도 잡혔습니다. 사업의 방향성은 의료기기로 잡았습니다.

친구 사무실에 책상 빌려 쓰며 시작한 첫 사업

그런데, 자본금이 없다보니 사무실을 차릴 수가 없었습니다. 청량리에서 보청기 사업을 하는 친구 사무실에 책상 하나를 빌려 쓰기로 했습니다. 그렇게 저는 의료기기 오퍼상 일을 시작했습니다. 그런데, 당시 친구의 사업이 잘 안 되고 있어서 사무실은 그 친구 지인들의 휴게소 같은 공간이었습니다. 그들은 할 일 없을 때마다 들려서 담배를 피우고, 바둑과 장기를 두며 시끄럽게 떠들었습니다. 하지만, 제 사무실이 아니기 때문에 뭐라고 말할 처지가 아니었습니다. 그저 공간을 빌려준 것만으로도 감사했습니다.

저는 해외 의료장비업체를 상대로 연락을 하며 엑스레이, 소독기 같은 의료 장비를 수입해서 판매하려고 했습니다. 그러던 중에 친구가 판매하는 보청기가 눈에 들어왔습니다. 보청기는 카투사에서 본 적이 있기 때문에 낯설지 않았습니다. 그리고, 의료 장비는 굉장히 큰데 보청기는 소형이고 친구가 보청기 상담하는 내용을 들어보니 보청기 사업 전망이 괜찮을 것 같은 촉이 왔습니다.

당시 보청기 판매센터는 서울에 두 세 곳에 불과했고, 남대문 시장에 가면 좌판에서 보청기를 판매하고 있었습니다. 보청기 사업은 그야말로 블루오션으로 보였습니다. 보청기에 관심을 갖고 지켜보던 차에 마침 친구가 보청기 사업을 접고 미국에 이민을 간다는 것입니다. 그렇게 1983년 친구의 보청기 대리점을 인수했고, 저와 보청기의 인연은 시작됐습니다.

옥탑방 스타트업

말이 옥탑방이지 물탱크를 개조한 3평짜리 공간으로 책상 하나에 의자 세 개를 들여놓으니 공간이 꽉 찼습니다. 직원은 한 명이 있었는데 고객이 오면 한 사람은 사무실 밖으로 나가야 했습니다.

200만 원짜리 백색전화기 인수, 동산보청기 역사 시작

1983년 보청기 대리점을 하던 친구가 미국에 이민을 가면서, 보청기 사업을 인수하면서 제가 친구에게 구입한 것은 백색전화기 단 한 대였습니다. 지금은 스마트폰 시대이고 유선전화기는 헐값이지만, 당시 회사 평균 월급이 20~30만원이었는데 전화기 한 대 가격은 5배가 넘은 150만원에서 200만원이나 했습니다. 하지만, 보청기는 대부분 해외수입을 해야 했기 때문에 전화기가 없으면 보청기 사업을 할 수 없었습니다.

100% 대출로 꾸린 옥탑방 사무실

높은 이자로 대출을 받아서 보청기 회사와 200만 원짜리 전화기를 인수한 터라 사무실 월세 낼 돈이 없었습니다. 그래서 옥상 옥탑방에 사무실을 꾸렸습니다. 1983년 동산보청기는 이렇게 시작됐습니다. 말이 옥탑방이지 물탱크를 개조한 3평짜리 공간으로 책상 하나에 의자 세 개를 들여놓으니 공간이 꽉 찼습니다. 직원은 한 명이 있었는데 고객이 오면 한 사람은 사무실 밖으로 나가야 했습니다. 대출을 받아 시작한 사업이라 잔고는 마이너스여서 식사도 하루에 라면 한 끼가 전부였습니다. 어떻게든 사업을 일으켜야 했습니다. 당시 친구들이 사무실로 꽤 자주 놀러왔었는데, 친구들을 모두 불러모아놓고 술 한 잔씩 나누며 난 이제 사업에 성공할 때까지 앞만 보고 살려고 한다. 시간을 낭비할 수가 없다. 미안하지만 사무실에 놀러오지 말아 달라. 성공한 후에 다시 만나자고 얘기했습니다. 이 말에 친구들은 황당해하고 서운해 했습니다. 하지만 저는 반드시 이루어야 할 목표가 있었기 때문에 등을 돌리며 나가는 친구들을 붙잡지 않았습니다. 그 뒤로 저는 이를 악물고 영업에 매달렸습니다.

지방 출장 숙박비 아끼기 위해 밤기차 이용

오전에는 고객 응대와 영업에 몰두했고 밤에는 보청기에 대한 공부를 했습니다. 보청기를 이리저리 뜯어보고 고객이 착용하기에 더 좋은, 성능이 더 나은 제품을 어떻게 하면 만들 수 있을까를 연구했습니다. 고객이 찾아오기만을 기다리지 않고 전국에 출장을 다니며 영업을 했는데, 숙박비를 아끼기 위해서 주로 밤기차를 이용했고, 아침에 도착하면 목욕탕에 들려 면도를 하고, 말끔히 씻은 후에 고객을 만났습니다. 이렇게 이를 악물고 사업에 매달리자 사업 시작 두 달 째부터 흑자가 나기 시작했고, 사업시작 6개월 만에 옥탑방에서 아래층 사무실로 이전할 수 있었습니다.

호기심과 손재주,
환상궁합이 만들어낸 심상돈표 보청기

난청인들이 보청기를 착용했을 때
만족스러워하는 모습을 보면 참 기쁩니다.
보청기를 통해 소리를 들으며 환해지는
난청인들의 표정을 보면서 저는 내일의
할 일을 생각합니다.

1983년 보청기 사업을 시작했을 때, 당시 보청기는 바디 타입 박스형 보청기로 보청기 리시버처럼 돼 있어서, 보청기를 스피커 같은 음성증폭기에 연결해서 사용하는 형태였습니다. 지금 생각하면 상상도 할 수 없을 만큼 불편한 기기입니다.
보청기를 수입하고 상담 판매하면서도 어떻게 하면 거추장스럽지 않고 보다 작게, 보다 편안하고 편리한 보청기를 만들 수 있을까를 고민했습니다. 저는 호기심도 많고 손재주가 있는 편이여서, 보청기를 분해하고 새롭게 조립해보면서 보청기 개선 방안을 늘 연구해왔습니다.

귀 본을 떠서 맞춤형 귓속 보청기 자체 개발

보청기 상담을 하다 보니, 개인마다 귀모양이 달라서 같은 제품이라도 불만, 불편함의 정도가 다 달랐습니다. 특히, 바디 타입보다는 귀에만 거는 보청기를 원했습니다.

개개인에게 맞는 맞춤형 보청기를 만들면 좋겠다는 생각을 하던 중 치과에서 치아 본 뜨는 것이 떠올랐습니다. 귀 본을 떠서 그에 맞는 귓속 보청기를 제작하면 되겠다고 생각하면서 맞춤형 귓속 보청기를 개발하기 시작했습니다.

치과 보철물을 생산하는 치과기공소를 찾아가서 물어보니 귀 본만 잘 떠오면 그 모양에 맞는 보청기 쉘(shell) 즉 보청기 틀 제작이 가능하다고 했습니다. 보청기와 관련된 부품은 수입했고 귀 본을 떠서 개인별로 맞춤형 보청기 제작을 시작했습니다.

귀 본을 떠서 제작하는 개인별 맞춤형 보청기가 첫 선을 보였을 때 고객들은 반신반의했습니다. 기존 제품들은 제작돼 있는 실물을 직접 볼 수 있기 때문에 모양, 성능 등을 미리 알 수 있었지만, 맞춤형 보청기는 눈으로 확인할 수 없었기 때문입니다.

하지만, 실제로 내 귀에 맞는 보청기가 제작되고 착용해보자 고객들은 만족해했고 주문량도 늘기 시작했습니다. 그런데, 맞춤형 보청기는 일일이 수작업을 해야 하다 보니 하루 종일 제작에 매달려도 3~4개 밖에 만들 수 없었습니다. 해외 보청기 제작회사들을 방문해서 양산하는 방법을 배워 왔습니다. 그렇게 해서 개인별 맞춤형 보청기의 양산도 가능해지면서 보다 많은 고객에게 맞춤형 보청기를 제공할 수 있게 됐습니다.

국내 최초 초소형 고막형 보청기 도입

국내에서 가장 많은 수량의 개인별 맞춤형 보청기를 생산했지만 늘 아쉬웠던 것이 보청기의 크기였습니다. 지금은 보청기 착용도 안경처럼 자연스럽게 인식되고 있지만, 난청인들은 자신이 보청기를 착용한다는 사실을 알리고 싶어 하지 않습니다. 그런데, 1990년 의료잡지를 보던 중에 필립스가 제작한 XP 모델을 보게 됐습니다. 당시 전 세계에서 가장 작은 보청기로 귀에 쏙 들어가기 때문에 겉에서 보이지 않았습니다. 그 제품을 보는 순간 '바로 이거다' 싶어서 필립스에 연락을 했는데, 한국시장에는 관심이 없다는 답이 왔습니다. 여기서 포기하면 '심상돈'이 아닙니다. 필립스 사장을 만나기 위해 네덜란드로 직접 찾아갔고, 계속 문을 두드린 끝에 사장을 만나 설득에 성공, 마침내 계약을 맺었습니다. 당시 필립스에서는 XP 보청기를 아시아 시장에는 처음 공급하는 것이라고 했습니다. 그렇게 XP 보청기가 국내 처음 소개됐습니다.

심상돈표 디자인으로 신규 보청기 탄생

저는 귀를 대신하는 보청기는 소리를 듣게 하는 장치를 넘어 신체의 일부라고 생각합니다. 그래서 새로운 보청기가 나오면 직접 착용해서 귀의 역할을 하는지 테스트했습니다. 1992년으로 기억합니다. 필립스에서는 XP모델을 귓속에 쏙~ 들어가도록 보청기 크기를 작게 하면서 보청기 상태는 소프트 쉘이라고 말랑말랑하게 제작했습니다. 귓속에 들어가는 장치이다 보니 딱딱한 것보다 말랑말랑한 것이 더 좋다고 판단했기 때문입니다. 그런데, 소비자들은 소프트 쉘을 더 불편해했습니다. 귀 안에서 보청기가 안착되지 않고 자꾸 움직였기 때문입니다. 그래서 저는 소프트 쉘을 자르고 딱딱한 하드 쉘로 교체하면서 귓속에는 조금 덜 들어가도록 재 제작했습니다. 이미 제작된 기존 보청기를 '심상돈표'로 새롭게 재 디자인했는데 고객들이 훨씬 편안해했습니다. 이 과정을 스타키 본사에 전달했는데, 스타키에서 매우 관심을 보이면서 보청기 제작에 직접 활용하겠다는 것입니다.

그렇게 해서 제작된 보청기가 1992년에 탄생된 스타키 CIC 보청기 '팀파넷' 모델입니다. CIC 보청기 팀파넷은 출시되자마자 전 세계에서 대히트를 쳤습니다. 보청기를 직접 착용해보지 않았다면 이 제품도 출시되지 못했을 것입니다. 난청인들이 보청기를 착용했을 때 만족스러워하는 모습을 보면 참 기쁩니다. 보청기를 통해 소리를 들으며 환해지는 난청인들의 표정을 보면서 저는 내일의 할 일을 생각합니다. 매일매일 제가 해야 할 역할이 있다는 것이 참 감사합니다.

30년 최장수 글로벌 CEO
심상돈의
감사 에세이

3장

나는 대표이사 영업사원입니다

보청기를 착용하고 다니는 현장형 CEO / 보청기 닥터 심사부
/ We Never Say No / 경청 마케팅, '듣는 것'이 곧 세일즈

보청기 착용하고 다니는 현장형 CEO

난청인들을 위한 보청기 산업에 대한 관심과 지원은 하루아침에 이뤄지지 않습니다. 수년간 이해관계자들과의 꾸준한 만남을 통해 소통을 해야 가능한 일입니다. 이런 이유로 저는 사무실에 머물 시간이 없습니다. 저의 사무실은 늘 현장입니다.

저는 보청기 사업을 시작할 때부터 제 자신을 '대표이사 영업사원'으로 포지셔닝을 했습니다. 제 사무실은 늘 고객이 있는 현장이었습니다. 상담 현장에서 고객과 만나고, 제조공장에서 보청기 제조 과정을 지켜보고, 보청기 서비스센터에서 고객이 원하는 대로 잘 고쳐지고 있는지 엔지니어들과 소통하고, 회사 경영을 위해서 회계 업무와 홍보 마케팅까지 모든 영역을 점검했습니다.

특히 저는 난청인이나 청각장애인이 겪는 어려움이 무엇인지 잘 이해하는 것이 무엇보다 중요하다는 생각에 보청기를 직접 착용하고 다닙니다. 신제품이 출시될 때마다 보청기를 착용해서 기존 제품과 업그레이드 된 점은 무엇인지, 착용 시 불편함은 없는지 섬세하게 체크합니다. 보청기는 직접 착용해보지 않으면 절대로 알 수 없습니다. 보청기 전문기술자는 아니지만 보청기 내외부 장치에 대해서도 분석해서 성능을 더 발전시킬 방법은 무엇인지 연구를 게을리하지 않습니다.

대표이사 영업사원! 발로 뛰는 4가지 영역

1983년 동산보청기를 설립하면서부터 지난 41년 동안 제가 손을 놓지 않은 3가지 영역이 있습니다.

첫째, 맨투맨 고객 상담을 합니다. 사람에 따라 귀 모양이 다르고, 난청 여부가 다 다르고, 시대에 따라 고객의 성향과 취향이 바뀌기 때문에 고객을 직접 만나서 얘기를 나눠봐야 그들이 원하는 보청기가 무엇인지 알 수 있습니다. 고객을 상담하는 전담 직원이 있지만 저 역시 고객 상담을 하고 있습니다. 고객의 이야기를 듣고, 청력검사를 한 다음에 그에 맞는 보청기를 추천하고, 보청기가 제작된 이후에는 보청기 성능이 제대로 작동하는지 체크해드리고 있습니다.

둘째, 보청기를 직접 피팅해드립니다. 보청기는 소리를 감지하는 매우 섬세한 기기입니다. 따라서 보청기 피팅에는 노하우가 필요합니다. 저는 40년 넘게 고객 귀에 본을 떠서 고객에게 맞는 보청기를 피팅해왔습니다. 보청기 피팅에 국내 최고 전문가임을 자부합니다. 소리를 느끼는 감각은 사람에 따라 다 다르기 때문에 소리 조정을 미세하게 할 줄 알아야하고, 고객 귀에 착용했을 때 이물감이 느껴지지 않고 편안하도록 피팅해야 합니다. 그래야 고객들이 최상의 소리를 들을 수 있습니다.

셋째, 보청기 대리점 현장을 수시로 방문해 마케팅 교육을 직접 하고 있습니다.

보청기 대리점 직원들은 고객과 최전선에서 만나는 분들입니다. 현장에서는 별의별 일이 다 발생합니다. 영업사원의 얘기만 들어서는 보청기 대리점 현황을 알 수 없고, 상황 파악을 하지 못하면, 문제가 발생했을 때 문제해결을 위한 적절한 타이밍을 놓치게 되고 문제를 키우게 됩니다. 대리점은 수시로 방문해 직원들에게 영업 노하우를 비롯해 제품에 맞는 맞춤형 마케팅 방법을 가르쳐주고 있습니다. 또한 대리점을 대상으로 주1회 온라인 워크숍을 꾸준히 이어오고 있습니다. 온라인 교육 중에도 직접 피팅 교육을 진행하고 상담 노하우나 보청기 판매 노하우에 대해 직접 강연하고 있습니다.

넷째, 매출이 좋지 않을 때 '왜'라고 묻고 따지지 않습니다.

매번 실적이 좋을 순 없습니다. 이럴 때 '원인'만 캐다가는 시간만 낭비

할 뿐입니다. '왜'는 문제가 발생했을 때 딱 한번만 질문하고, 원인을 파악한 후에 '어떻게' 하면 실적이 좋아질 수 있을지 대리점 직원들과 함께 해결방안을 논의합니다. 실적 저하로 의욕과 사기가 떨어졌다면 내부 인테리어를 바꿔주고 컨설팅을 통해 영업 방법에 변화를 시도하며 새로운 마음으로 다시 시작할 수 있도록 합니다.

저의 사무실은 늘 현장입니다!

고객과 보청기 대리점을 둘러보는 것 외에도 이비인후과 의사들을 만나서 인공와우 시술이나 보청기와 관련해서 애로사항은 없는지, 최근 청각장애인과 난청인들이 호소하고 있는 불편함은 무엇인지, 보청기와 관련해 어떤 부분을 개선하면 좋을지를 논의합니다.

또한 청각장애인과 난청인들에게 보청기와 관련해 필요한 지원을 해주기 위해서 해당 공무원과 국회의원 등 정책입안자들과의 만남도 제가 해야 하는 중요한 일입니다.

난청인들을 위한 보청기 산업에 대한 관심과 지원은 하루아침에 이루어지지 않습니다. 수년간 이해관계자들과의 꾸준한 만남을 통해 상황을 설득하고 이해시켜야 가능한 일입니다. 이런 이유로 저는 사무실에 머물 시간이 없습니다. 저의 사무실은 늘 현장입니다.

보청기 닥터 심사부

어느 보청기 센터도 하얀 가운을 입고
고객 상담을 하는 곳은 없었습니다.
'낭만닥터 김사부'처럼 저는 '보청기 닥터
심사부'가 되어 고객에 맞는 맞춤형
보청기를 제공하기 위해 고객 이야기에
귀 기울였습니다.

보청기 사업을 시작하면서, 보청기 전문가 하면 심상돈으로 통하도록 보청기에 관한한 단언컨대 심상돈이 최고로 평가되도록 하겠다는 목표가 있었습니다. 그래서, 고객상담센터는 병원처럼 인테리어를 했습니다. 맞춤형 보청기 제작을 위해서는 고객 귀의 귀 본을 떠야하는데, 위생관리가 철저해야했기 때문에 소독을 철저히 해서 센터는 병원처럼 소독약 냄새가 나곤 했습니다. 병원 같은 느낌을 주는 센터였기 때문에 저도 그에 맞게 위생을 상징하는 하얀 가운을 입고 보청기 닥터가 되어 고객들을 응대했습니다. 어느 보청기 센터도 가운을 입고 고객 상담을 하는 곳은 없었습니다. '낭만닥터 김사부'처럼 저는 '보청기 닥터 심사부'가 되어 고객에 맞는 맞춤형 보청기를 제공하기 위해 고객 이야기에 귀 기울였습니다.

이비인후과 의사들과 파트너가 되다

1983년 동산보청기를 설립하고 영업을 해보니 보청기가 필요한 고객들을 기다리기만 해서는 안 된다는 생각이 들었습니다. 당시 서울에 보청기 센터는 2~3곳에 불과했고, 지금처럼 인터넷이 활성화되던 시기가 아니기 때문에 보청기 관련 정보를 얻기 어렵고 고객들이 보청기 센터를 알고 찾아오기란 쉽지 않았습니다. 소매만 해서는 승산이 없다는 생각에 저는 이비인후과를 찾아다니며 의사들을 직접 만나보기로 했습니다.

청력이 좋지 않으면 이비인후과부터 찾아가게 돼 있고, 이비인후과 의사 추천으로 보청기를 선택하게 되기 때문입니다. 당연히, 의사들은 저를 보청기 영업사원으로 여기고 선뜻 만나주지 않았고, 저에 대해 부정적인 이미지를 가졌습니다.

미국 스타키 본사에서 전 세계 스타키 임직원 대상으로
한국 마케팅 전략과 성공 사례 발표

3장 ─── 나는 대표이사 영업사원입니다

하지만, 여기서 물러날 제가 아닙니다. 저에게는 카투사 전역 후에 의료장비 오퍼상에 취업해서 창고에 잔뜩 쌓여있던 소독장비 재고를 병원을 찾아다니며 영업해서 모두 팔았던 경험이 있었습니다. 병원과 의사들은 질병을 치료하는데 도움이 된다고 생각하면 받아들입니다. 저는 이비인후과 의사들에게 환자들에게 맞는 보청기를 제공하기 위해서 청력검사를 제대로 해야 하는데 어떤 장비가 필요한지, 환자에 맞는 보청기는 어떻게 선택해야하는지 개발되고 있는 보청기에 대한 정보에 대한 내용까지 차근차근 설명하고 설득했습니다. 의사들도 내 말에 공감을 했는지 이비인후과 학회에서 보청기와 관련된 내용을 발표할 수 있는 기회를 주었고, 보청기 회사로는 처음으로 이비인후과 학회에서 의사들 앞에서 보청기 관련 장비를 소개할 수 있는 시간을 가졌습니다. 그 발표로 저는 이비인후과 의사들에게 신뢰를 얻었고 좋은 파트너가 됐습니다.

의학을 공부하는 보청기 전문가

이비인후과 학회에서 발표를 한 이후에 저는 귀에 대한 공부에 매달렸습니다. 학회를 찾아다니며 세미나를 참석하는 것은 기본이고 의사는 아니지만 귀에 대한 의학적 지식을 쌓기 위해서 의학서적을 읽었습니다. 귀의 구조, 소리가 들리는 과정, 난청의 원인, 귀와 관련된 질환, 난청 치료법, 난청으로 인해 발생하는 질병과 후유증 등에 대해 꾸준히 공부했습니다.

귀와 관련된 의학공부는 보청기 개발을 할 때 새로운 아이디어를 얻는 데 많은 도움이 됐습니다. 스타키 미국 본사 회의를 가면 아이디어를 공유하는 시간이 있는데 그때 보청기 제조, 마케팅에 대한 아이디어를 적극적으로 제공했습니다.

특히, 2013년 스타키 글로벌 비즈니스 컨퍼런스에서 전 세계에서 참석한 500여 명의 각 국 대표와 마케팅 임직원을 대상으로 한국 영업 네트워크의 마케팅 성공사례를 발표했는데, 큰 호응을 얻어 전원 기립 박수를 받기도 했습니다.

그 자리에서 전 세계 스타키 지사를 대상으로 글로벌 경쟁력 강화와 경영혁신에 이바지한 경영자에게 수상하는 스타키 '최고경영대상'을 받기도 했습니다. 보청기 영업에만 매달렸다면 이 같은 성과를 얻지 못했을 것입니다.

의학 공부를 하다 보니 문득 큰아들을 의사 시키고 싶어 하는 아버지 생각이 났습니다. 아버지 말을 듣고 공부에 눈을 떴다면, 저는 이비인후과 의사가 됐을지도 모르겠다는 생각도 들었습니다. 아버지의 소원대로 의사가 되진 못했지만 저는 청각장애인과 난청인들을 위해 보청기를 제작, 개발하고 들을 수 있도록 도와주는 국내 최고 보청기 전문가가 됐습니다. 아버지에 대한 마음의 빚을 또 하나 갚은 느낌이 듭니다.

WE NEVER SAY NO

기업은 고객이 있기 때문에 먹고 살 수 있고, 고객 서비스 제공은 손익구조를 따져서는 안 된다고 생각합니다. 양질의 서비스는 고객 만족으로 이어지고 로열티 높은 고객을 확보할 수 있기 때문입니다.

"WE NEVER SAY NO"

1996년 스타키코리아가 설립된 이후 지금까지 실천되고 있는 스타키코리아의 기업 모토입니다. 저는 고객들에게 '안된다'는 얘기를 절대로 먼저 하지 않습니다. 다음과 같이 다양한 고객 서비스 영역에서 불가능한 것은 없다고 저희는 강조하고 실제로 실행합니다.

완벽한 환불정책

고객 귀에 맞는 맞춤형 보청기를 제작하던 시절에 귀 본을 떠서 맞춘다고 하면 괜히 맞추었다가 안 맞을 수도 있고 돈만 낭비하는 게 아닌가 싶어서 꺼려하던 고객들이 많았습니다. 그래서 눈으로 확인해서 착용해볼 수 있는 기성품을 사려고 했습니다. 그런 불안감을 가진 고객들에게 보청기를 제작 후 맞지 않고 불편하면 무조건 환불해주겠다는 약속을 했습니다. 고객이 실제로 마음에 들지 않는다고 하면 바로 환불해주었습니다. 또한, 환불을 받은 고객이 다시 보청기를 제작해주길 원하면 피팅을 새로 해서 다시 제작해주었습니다.

분실해도 새 보청기 제공

보청기는 크기가 작아서 잃어버릴 수 있습니다. 사용 중에 잃어버렸을 경우 보증기간 내라면 새 제품으로 제공합니다. 그러나, 보증기간이 지났더라도 가급적이면 분실사유가 무엇이든 관계없이 새 보청기를 제공해주고 있습니다.

고객이 원하는 날짜에 맞춤형 보청기 제작

전국에서 고객들이 찾아오는데, 맞춤형 보청기의 경우는 제작기간이 며칠 걸릴 수 있기 때문에 고객들이 제품을 찾거나 피팅을 하러 몇 번이나 방문해야하는 경우가 있습니다. 그러나 먼 지방에 사는 경우는 잦은 지점 방문이 어려울 수 있습니다. 이런 경우 우선적으로 보청기를 제작해주고 가장 빠르게 피팅 서비스를 제공합니다. 맞춤형 보청기의 경우 고객 사정에 따라 하루 만에 제작해준 경우도 있었습니다.

보증기간 지나도 무상 수리 서비스

때로는 보증기간이 한참 지났는데도 고객이 무상 수리를 요구하는 경우가 있습니다. 이런 경우에도 거절하지 않고 고객이 원하는 대로 최대한 맞춰서 서비스를 제공합니다.

고객을 찾아가는 방문 서비스 시행

몸이 불편해서 거동이 어렵거나 동행자를 구하지 못해 대리점으로 나오지 못하는 고객들을 위해 직접 방문해서 보청기를 피팅해주는 방문 서비스도 제공하고 있습니다. 고객을 찾아가는 방문 서비스 덕분에 고객들이 스타키코리아를 가족처럼 가깝게 여기게 됐습니다.

제품 불량 제로, 고객 불만 제로에 도전

보청기는 결코 저렴한 제품이 아니기 때문에 비싼 값을 치르는 만큼 고객들은 완벽한 제품을 요구합니다. 저는 제품 불량률을 최소화시키기 위해서 제품 불량제로, 고객 불만도 제로를 목표로 '제로 디펙트 시스템(Zero Defect System)'을 구축했습니다. 상담부터 보청기 제작 공정,

출시, 피팅 등 보청기의 모든 공정에서 철저한 품질검사와 서비스를 실천해나가고 있습니다.

'WE NEVER SAY NO' 정책은 비용적으로 손해를 보는 구조로 보입니다. 주변에선 이런 저의 철학이 '블랙 컨슈머'를 만든다는 얘기도 합니다. 하지만, 기업은 고객이 있기 때문에 먹고 살 수 있고, 고객 서비스 제공은 손익구조를 따져서는 안 된다고 생각합니다. 양질의 서비스는 고객 만족으로 이어지고 로열티 높은 고객을 확보할 수 있기 때문입니다. 또, 한번 만족한 고객은 또 다른 고객을 부릅니다. 이런 것들이 꼬리에 꼬리를 물고 고객 파이는 점차 커지는 것입니다. 결과적으로 스타키와 한번 인연을 맺으면 다른 업체로 바꾸는 경우가 거의 없습니다. 그만큼 로열 고객층이 탄탄합니다.

'WE NEVER SAY NO' 정책은 고객 뿐 아니라 대리점 점장과 직원들에게도 똑같이 적용됩니다. 현장에서 고객들을 응대해야하는 직원들의 만족도가 높아야 고객들의 만족도도 높아질 수 있기 때문입니다. 저는 직원도 고객이라는 마인드로 대합니다. 직원들에게 부정적으로 얘기한 적이 없습니다. 스타키코리아 기술부에서 10년의 경력을 쌓으면 '명장'이라는 호칭을 부여합니다. 명장제도는 개인별 맞춤형 실명제로 자신의 이름을 걸고 보청기 제작부터 출고까지 책임지겠다는 의지를 불어넣고 보청기 엔지니어로서 자부심을 높여줍니다. 또한, 직원들에게 어려운 사정이 생기면 우선적으로 배려했습니다.

대리점들도 스타키코리아와 한번 계약을 맺으면 좀처럼 업체를 바꾸지 않습니다. 서로에게 부정적인 얘기를 하지 않는 태도가 상호간 신뢰가 깊고 만족도가 높게 만든다는 것을 지난 30년간의 시간이 증명해주고 있습니다.

경청 마케팅, '듣는 것'이 곧 세일즈

영업의 개념은 물건을 파는 것이 아니라 고객이 물건을 사게 하는 것입니다. '듣는 것' 즉, '경청'이 세일즈라는 핵심을 기억한다면 그 어떤 영업에서든 성공할 수 있습니다.

1983년 동산보청기를 설립해서 1996년 스타키그룹에 매각을 하기 전까지 동산보청기는 당시 보청기 업체 중 매출이 선두에 있었습니다. 한 달 월급이 30만원이던 시절, 보청기 1개가 150만 원이었는데도 하루에 50개를 팔았습니다. 다른 대리점들은 하루 평균 판매대수가 10개 정도였으니 5배나 높은 매출을 올린 것입니다. 주변에선 저에게 영업 노하우를 물었습니다. 그런데 저의 영업 노하우라는 것이 결코 특별한 것이 아닙니다.

철저하게 듣는 사람이 되는 것

세일즈, 즉 영업의 핵심은 고객의 이야기를 잘 듣는 것, '경청'에 있습니다. 저는 고객의 이야기를 철저하게 듣는 사람이 되고자 했습니다. 고객에게 딱 맞는 보청기를 제작해드리기 위해서 고객의 귀 상태가 어떤지, 소리가 어느 정도 안 들리는지, 들을 수 있는 소리는 어느 정도인지, 귀모양이 어떤지, 언제부터 소리가 잘 안 들렸는지, 귀를 다친 적이 있는지, 과거에 보청기를 사용한 경험이 있는지, 과거에 사용했던 보청기를 왜 바꾸려고 하는지, 어떤 점이 불편했는지 등등 귀와 보청기에 대해 질문을 던지고 계속 고객의 얘기를 주의 깊게 들었습니다.

귀와 보청기에 대한 이야기만 한 것이 아닙니다. 개인적인 이야기를 나누며 고객의 성향을 파악했습니다. 특히, 소리가 잘 안 들려서 얼마나 불편하고 힘들었는지에 대해 들으며 위로와 공감의 말을 건넸습니다. 그런 대화 속에서 그 고객에게 어떤 보청기가 가장 적합한지를 찾게 됩니다. 결국 해당 고객은 구매한 보청기에 대한 만족도가 높을 수밖에 없습니다.

영업에서 절대 해서는 안 되는 것

영업에서 해야 하는 것보다 절대로 해선 안 되는 것들이 있습니다. 그것은 바로 고객에게 물건을 팔려는 느낌을 갖게 하는 것입니다. 고객의 이야기를 다 듣기도 전에 제품에 대해 길고 장황하게 설명하면 고객은 경계심을 갖습니다. 보청기는 전문 의료기기이기 때문에 고객에게는 보청기 '전문가'로 보여야 합니다. 실제로 전문가가 되어야 합니다. 따라서, 고객과 상담을 할 때는 고객의 말을 80% 이상 듣는다는 자세로 임해야 합니다. 절대로 물건을 팔려는 느낌을 고객이 느끼게 해서는 안 됩니다. 고객의 말을 많이 들어주고 공감해주면서 그들의 마음을 얻은 것이 우선되어야 합니다.

영업의 개념은 물건을 파는 것이 아니라 고객이 물건을 사게 하는 것입니다. '듣는 것' 즉, '경청'이 세일즈라는 핵심을 기억한다면 그 어떤 영업에서든 성공할 수 있습니다.

30년 최장수 글로벌 CEO
심상돈의
감사 에세이

4장

운을 부른 선택들

박수칠 때 떠날 줄 아는 용기 / 돈에 흔들리지 않는 소신 / 바보
똑똑이의 밥사 철학 / 청각장애인·난청인과의 아름다운 동행

박수칠 때 떠날 줄 아는 용기

저는 1등일 때 자리에서 내려올 줄 알아야하고 박수칠 때 떠나야 한다고 생각했습니다. 1996년 과감히 제 회사를 매각했고 저는 미국 스타키의 첫 한국지사 대표이사가 됐습니다.

스타키코리아 대표이사를 맡은 것은 제 나이 마흔 살이던 1996년입니다.
당시 제가 운영하던 동산보청기는 직영 매장만 7곳에 대리점은 50여 곳 정도 있었습니다. 이곳에서 한 달에 400~500개의 보청기가 팔렸고, 월 매출만 5천만 원이 넘은데다 보청기를 자체 제작할 수 있는 공장까지 갖추고 있었기 때문에 누가 봐도 탄탄하고 잘나가던 알짜회사였습니다.

그런데 저는 과감히 회사를 스타키에 매각하기로 결정했습니다. 회사 경영을 할 때부터 글로벌 무대로 진출하고 싶었는데, 개인 기업으로는 한계가 많았습니다. 애써 직원을 키워놓으면 더 좋은 조건을 찾아 경쟁사로 이직을 했고, 늘 새로운 인재를 찾아야 하는 구인난에 시달렸습니다. 좋은 사업을 위해 꾸준히 투자를 해야 하는데, 자금을 모으는 것이 늘 힘에 부쳤습니다. 영업과 직원, 자금 관리 등 오너로 고민해야 할 것들이 쌓여갔고 월화수목금토일 주 7일을 일에만 매달려야 했습니다. 이러다가는 좋아하는 일조차 싫어하게 될 것 같았고 버닝 아웃되어 건강까지 잃을 것 같았습니다. 글로벌 회사에서 월급 받는 CEO로 일하면, 오너경영인이 짊어져야하는 무게감을 덜고 조금은 여유 있는 삶을 살기 위해서 전문경영인 자리를 선택했습니다. 이런 결정을 하고 동산보청기를 매각한다고 하니까 주변 사람들은 하나같이 뜯어말리면서 알짜회사를 매각하는 것은 바보 같은 짓이라고 했습니다. 하지만 저는 최정상에 있을 때 그 자리에서 내려올 줄 알아야하고 박수칠 때 떠나야 한다고 생각했습니다. 1996년 과감히 제 회사를 매각했고 저는 미국 스타키의 첫 한국지사 대표이사가 됐습니다.

과감한 선택이 준 선물

스타키코리아 CEO가 됐다고 해서 제가 하는 일이 달라진 건 없었습니다. 저는 여전히 보청기 전문가로 고객을 만났고 보청기 연구개발에 참여했으며 보다 나은 서비스를 제공하기 위해 현장을 찾아다녔습니다. 그 결과 3년 만에 스타키 보청기는 국내 시장 30%를 점유하며 1위를 차지하게 됐습니다. 그리고, 그 30%의 시장점유율은 30년이 지난 지금까지 그대로 유지하고 있습니다. 30년 동안 부동의 1위를 차지하고 있는 곳은 제가 맡고 있는 한국 스타키코리아가 유일합니다. 전 세계 스타키 지사 그 어디에도 이루지 못한 성과를 제가 해냈기 때문에 미국 스타키 본사에서는 물론 국내 외국계 기업 최장수 CEO 자리를 지키고 있는 것입니다.

뿐만 아니라, 스타키코리아 대표이사직을 맡은 후에 생각지도 않은 일이 벌어졌습니다. 저는 매각 대금을 달러로 받았고 그 자금을 고스란히 은행에 넣어두었는데 스타키코리아 대표를 맡고 1년 반 정도가 됐을 때 우리나라에 외환위기가 터진 겁니다. 달러는 급등했고 저는 회사 매각으로 2배가 넘는 수익을 얻게 된 것입니다. 나라가 불행해진 상황에서 혼자 좋아할 일은 아니기에, 이 돈의 일부는 반드시 좋은 일에 써야겠다는 생각을 했습니다.

돈에 흔들리지 않는 소신

돈은 따라오게 하는 대상이지 쫓아가야하는 대상이 아닙니다. 저는 노력한 것 이상의 대가를 받는 것을 싫어합니다. 제가 노력한 만큼의 대가를 받아야 제 자신이 떳떳하고 당당할 수 있기 때문입니다.

지금은 인공와우를 제작하는 회사가 여러 곳이지만 1990년대만 해도 전 세계적으로 인공와우 분야에서 독보적인 기업이 있었습니다. 당시 스타키에서도 인공와우는 제작하지 않았기 때문에 타 회사 제품을 수입해서 판매하고 있었습니다. 인공와우는 한 대당 수술비까지 2,200만원 정도하는 고가의 장비였습니다. 그런데, 그 인공와우를 제가 꽤 잘 팔아서 연간 10~20억 원의 매출을 일으켰습니다. 1996년부터

2002년까지 스타키코리아 영업이익의 상당 부분이 인공와우에서 발생했을 정도였습니다.

인공와우가 한국에서 잘 판매되자 경쟁사에서는 한국에 지사를 차리고 저를 지사장으로 영입하려고 했습니다. 스타키그룹에서 받고 있는 연봉의 몇 배를 주겠다는 것이었습니다. 급여 인상도 솔깃했고 영업에는 자신이 있었기 때문에 심사숙고한 끝에 경쟁사로의 이직을 결심했습니다. 그리고 계약서를 쓰는 날 만나기로 한 약속 장소로 이동하는데 경쟁사 본사에서 연락이 왔습니다. 제가 한국지사장을 맡게 되지만 인사권은 본사에 있다는 것이었습니다. 그 전화를 받자마자 저는 차를 돌렸습니다.

인사권이 없는 CEO는 허수아비에 불과하고 영업사원으로 이용만 하겠다는 의도가 느껴졌기 때문입니다. 회사는 살아있는 유기체이고 생명력 있게 돌아가도록 그 숨을 불어넣기 위해서는 적재적소에 맞는 인재를 뽑아서 잘 배치해야하는데 그 인사권을 주지 않겠다는 것은 CEO로 인정하지 않겠다는 겁니다. 연봉을 떠나 저는 과감히 그 계약을 취소했습니다.

돈을 쫓은 인공와우 제조사의 끝

그렇다고 경쟁사와 등을 지고 적이 되진 않았습니다. 제가 인공와우 제조사의 한국지사장으로 가지 않았을 뿐이지 인공와우 판매와는 관계가 없기 때문입니다. 그 이후로도 아무 문제없이 저는 인공와우 영업을 해나갔고, 인공와우 이식수술에 대해 건강보험이 적용되도록 법 개정이 되도록 노력한 끝에 2005년부터 인공와우 이식수술에 건강보험이 적용되었습니다. 그 결과 고객들이 본인부담금 20%로 수술을 받을 수 있도록 했고, 당시 청각장애인과 난청인들이 매우 좋아했던 모습이 생생합니다.

인공와우 이식수술에 건강보험이 적용되면서 자연스럽게 인공와우 제조사의 매출도 급상승했습니다. 그러자, 2014년 인공와우 제조사는 저와 에이전트 관계를 그만두겠다고 통보했습니다. 본사에서 직접 한국에 판매를 하겠다는 것입니다. 할 수 없이 저는 인공와우를 제작하는 다른 회사 에이전트 계약을 맺었고, 다른 업체의 인공와우 제품을 판매하였습니다.

당시 저와 계약을 해지한 회사와 타 회사의 시장점유율은 7대3 정도였습니다. 그런데 얼마 지나지 않아 그 수치가 뒤집어졌습니다. 저에 대한 신뢰가 시장에서 통하면서 저와 계약을 해지했던 회사가 40%, 새롭게 계약을 맺은 회사가 60%를 차지하게 된 것입니다. 저와 계약을 깬 경쟁사의 판매율이 저조해지자 한국지사장부터 아시아태평양 사장까지 한꺼번에 해고됐습니다.

백지수표 내민 경쟁사 제안도 거절

스타키코리아 대표이사 3년차를 보내고 있을 즈음 이번에는 경쟁사인 독일의 S사에서 저에게 파격적인 대우를 제시하며 CEO로 와달라고 연락이 왔습니다. 하지만 그때도 저는 과감히 거절했습니다. 돈만을 쫓아서 일을 하면 그 끝이 결코 좋지 않다는 것을 알기 때문입니다. 돈은 따라오게 하는 대상이지 돈을 쫓아가야하는 대상이 아닙니다. 저는 노력한 것 이상의 대가를 받는 것을 싫어합니다. 제가 노력한 만큼의 대가를 받아야 제 자신이 떳떳하고 당당할 수 있기 때문입니다.

바보똑똑이의 밥사철학

바보똑똑이는 바보스럽지만 똑똑한
사람을 의미합니다. 양보와 배려에 대해서
는 바보처럼, 일에서는 똑 부러지게
빈틈없이 해내는 사람이 바로
바보똑똑이 입니다.

"어떤 자리든 내가 만나는 사람의 밥은 내가 산다."
30대에 들어서면서 결심한 것입니다. 30년이 넘도록 그 약속을 지키고 있습니다.
무조건 제가 밥값을 냈습니다. 먼저 내주기로 한 것입니다. 얼핏 보면 손해 보는 선택 같습니다. 그러나, 결코 손해가 아닙니다. 무조건 밥값을 냈더니 어떤 일이 생겼는지 아세요? 사람들이 저를 만날 때 전혀 부담을 갖지 않습니다. 그래서 누구든 편하게 만날 수 있었습니다. 사람들도 저에게 편하게 연락했습니다.

인간관계는 '편안함'이 생명입니다. 편안하면 서로 눈치를 보거나 계산을 하거나 경계를 할 필요가 없으니 허심탄회한 대화가 가능합니다. 대화를 자주 나누다보면 신뢰가 쌓이고 소통이 잘되면 일도 술술 잘 풀립니다. 많은 비즈니스맨이 일을 성사시키기 위해서 인맥을 총동원해 관계자를 찾고 그들과 골프를 치고 식사 약속을 잡습니다. 만나서 비즈니스 얘기를 꺼내기 위해서입니다. 그런데, 비즈니스라는 것이 갑자기 몇 번 만난다고 해서 일이 성사되는 것이 아닙니다. 나에게 이익이 생긴다는 확신이 있어야 움직입니다. 서로에게 낯선 관계일수록 브레인 계산기는 더 두드려보게 돼 있습니다.

그런데, 평소 신뢰가 두텁고 소통이 잘 된 사이라면 굳이 애쓸 필요가 없습니다. 그게 '밥사'의 힘입니다. 미래가치나 기대, 보상을 바라고 밥값을 내는 것은 아니지만 돌아보면 제가 낸 밥값보다 훨씬 더 큰 이득으로 돌아왔습니다. 그 이후로 더 베풀게 됐습니다. 그리고, 밥을 사는 이유는 제 만족이기도 합니다. 제가 밥값을 내면 좀 우쭐해진 기분이 듭니다. 식당을 제 왕국이라고 상상하고 저와 함께 식사를 하고 있는 지인들을 초대 손님이라 여기고, 그 손님을 융숭하게 대접했다고 생각하면 기분이 참 좋습니다. 그래서 저는 제가 밥을 살 수 있는 능력을 허락해달라고 늘 진심으로 기도했습니다.

"저는 바보똑똑이 입니다"

이런 제 자신을 저는 '바보똑똑이'라고 부릅니다. 바보똑똑이는 바보스럽지만 똑똑한 사람을 의미합니다. 양보와 배려에 대해서는 바보처럼, 일에서는 똑 부러지게 빈틈없이 해내는 사람이 바로 바보똑똑이 입니다. 바보똑똑이는 돈을 움켜쥐고 있지 않습니다. 필요할 때 아낌없이 과감하게 돈을 씁니다. 바보똑똑이야 말로 진정한 부자입니다. 그것은 제가 추구하는 인간형으로 바보똑똑이로 살면 마음이 너무 편합니다. 우리가 불안한 것은 경쟁에서 이기려하고 뒤쳐질까봐 내쳐질까봐 두렵기 때문입니다. 이런 마음은 아무리 꽁꽁 숨기려고 해도 남들도 다 압니다. 다만 말하지 않을 뿐입니다. 이런 마음으로 사람을 대하면 적이 많아질 수밖에 없습니다.

하지만, 바보똑똑이로 살면 내 편이 많아집니다. 바보똑똑이는 남과 비교하지 않습니다. 스스로 오늘도 양보하고 베풀고 나누면서 참 잘살았다고 나를 칭찬하고 격려합니다. 바보똑똑이는 남에게 평가받지 않고 스스로를 인정합니다. 밥을 사고, 양보하고, 베풀고, 나누고, 경청하고 이것이 바보똑똑이가 살아가는 방식입니다. 그래서 바보똑똑이 심상돈은 행복합니다.

청각장애인 · 난청인과의 아름다운 동행

도움이 필요한 사람들에게 실제로 도움을 드
리고 이들과 동행하는 것은 참으로
가슴 벅찬 일입니다. 그 벅찬 감정을 이어갈
수 있도록 저는 오늘도 제 도움이 필요한
사람들과 함께 길을 걸어가고 있습니다.

'나눔'에 대해 처음 눈을 뜬 것은 카투사 군 복무 시절이었습니다. 흑인 병사가 주말과 휴일에 쉬지 않고 한국 보육원을 찾아가 아이들과 놀아주는 모습을 보면서 '함께 하는 삶'의 실체를 만나게 됐습니다. 그리고, 나눔을 보청기 사업을 하면서 조금씩 실천하게 됐습니다.

1998년 즈음으로 기억합니다. 한 여성이 선천적 청각장애가 있는 어린 두 딸을 데리고 왔습니다. 이미 보청기를 착용하고 있었지만 청각장애가 심해서 보청기로는 해결되지 않았고 소리가 안 들리니 말도 거의 못했습니다. 자매에게 필요한 것은 인공와우였는데, 형편이 워낙 어렵다 보니 선뜻 인공와우를 선택하지 못했습니다. 인공와우는 하루라도 빨리 이식을 하면 소리를 정상적으로 들을 수 있는데, 돈 때문에 그 시기를 놓치게 될까봐 마음이 아팠습니다. 저는 자매의 인공와우 비용 일부를 지원하기로 했습니다. 제 결심을 얘기하자 그 여성은 '이제 살았다'는 표정으로 두 딸을 부둥켜안고 눈물을 쏟았습니다. 그 모습을 보면서 어찌나 가슴이 뭉클하던지 제 눈시울도 뜨거워졌습니다.

보청기 상담을 하다보면 사연 없는 사람이 없습니다. 마음 같아서는 모두를 다 돕고 싶을 정도입니다. 잃어버린 소리를 찾아드리고 싶은 마음에 1998년 미국 스타키본사인 스타키 히어링 테크놀로지스의 '스타키 청각재단'과 연계해 '소리사랑 나누기 봉사단' 활동을 시작했습니다. 난청으로 고통 받고 있지만 형편이 어려운 분들에게 청력검사를 실시해 보청기와 인공와우 수술비와 언어치료비를 지원했고 정기적으로 '소리사랑 콘서트'를 열어서 청각장애인들에게 문화예술 체험의 기회를 제공했습니다. 매년 매출의 2%를 '소리사랑 나누기' 캠페인 활동에 사용했습니다.

소리사랑 나누기 캠페인을 전개하면서 한국장애인부모회 소속 청각장

스타키청각재단 봉사 후 갈라쇼에서 만난 빌 클린턴 미국 전 대통령.
제42대 미국 대통령인 빌 클린턴은 은퇴 후에 전 세계 난청으로 어려움을 겪는
사람들을 위해 스타키청각재단(Starkey Hearing Foundation)의
보청기 기증 행사 등 다양한 활동에 참여 중이다.

4장 ──── 운을 부른 선택들

애인분과위원회에 참여하게 되면서 더 많은 장애인을 알게 됐습니다. 특히, 장애인 자녀의 부모들이 한결같이 하는 말이 "아이보다 단 하루라도 더 살아야한다'는 것이었습니다. 그때까지만 해도 제 후원활동은 청각장애인에게 초점이 맞춰져있었는데 장애인 자녀 부모님들의 말을 듣고 방향을 바꾸고 장애인 부모에게 시선을 돌렸습니다.

장애인 부모들, 그 눈물의 소리를 듣다

장애인과 관련된 모든 후원은 당연히 장애인에게 향해 있습니다. 하지만, 장애인 못지않게 고통 받는 분들이 장애인 자녀의 부모님들입니다. 이 분들은 장애인 자녀에게 속상한 마음을 들켜서도 안 되고, 늘 밝고 명랑하고 씩씩해야하기 때문에 소리를 내서 울 수가 없습니다. 장애인 자녀를 돌보며 쌓인 힘겨움 괴로움을 소리라도 실컷 내질러 털어내고 싶은데, 펑펑 울면서 상한 속을 달래고 싶은데 행여 아이가 엄마 아빠가 싸우거나 우는 모습을 보고 좌절이나 실망할까 봐 꽁꽁 마음을 숨기며 삽니다.

또, 어쩔 수 없는 상황으로 장애인 아이를 시설에 위탁한 부모들은 시설을 방문해 아이를 만나고 돌아올 때마다 가슴을 치고 목 놓아 우십니다. 혹시나 열악한 시설과 생활수준 속에 아이가 사랑받지 못하고 제대로 돌봄을 받지 못하는 것은 아닌가 걱정하기 때문입니다. 하지만, 여러 사정으로 아이를 시설에 맡길 수밖에 없으니 부모는 가슴을 칠 수밖에 없는 것입니다. 이런 장애인 자녀 부모님들이 흘린 눈물의 소리가 제 귀에 들린 것입니다.

그래서, 2007년 6월 한국장애인부모회 후원회가 설립됐고 저는 상임공동대표를 맡아 현재까지 장애인 자녀를 둔 부모님의 목소리를 대변하고 후원하고 있습니다. 한국장애인부모회 후원회는 지난 17년 동안 장애인 시설의 열악한 수준을 개선하고, 지난 2013년 자신의 삶을 제대로 영위할 수 있도록 후견인을 선임하는 성년후견제도를 법제화하는데 앞장섰습니다.

또한, 장애인 부모들의 심리 안정을 위한 심리케어 등도 제공하고 있습니다. 장애인 자녀를 돌봐야하는 부모들에게 심리 안정은 매우 중요합니다. 일상의 모든 것이 장애인 자녀에게 초점이 맞춰져 있다 보니 부모 자신을 위해 그 어떤 시간과 비용을 투자할 수 없습니다. 지치고 힘든 나날을 보내야 하지만 스스로를 돌볼 틈이 없습니다. 그러다보니 몸과 정신에 이상이 생기기도 합니다. 장애인부모회 후원회에서는 이런 장애인 자녀 부모를 위해 주기적으로 심리 상담을 해주며 '함께' 하고 있습니다.

2009년에는 스타키코리아의 사옥인 스타키빌딩을 개관했는데, 사옥 내 100여 평의 공간을 장애인 부모 쉼터로 마련했습니다. 그 공간에서 매달 음악회, 교육, 운동 강좌, 마술 공연, 장애인 아동미술 전시회 등 다양한 문화예술 프로그램을 운영했습니다. 일부 장애 아이들은 집중해서 한 곳에 오래 앉아있을 수 없기 때문에 좋은 공연이 있어도 관람하기가 어렵습니다. 하지만, 장애 아이들이 다양한 문화 프로그램을 보고, 듣고, 체험하게 되면 증상 호전에도 도움이 됩니다.

그래서 저는 장애 아이들을 위한 문화 콘텐츠에 집중했고 아이들이 자유롭게 관람할 수 있도록 했습니다. 지하 1층 홀은 장애 아이들이 누구의 눈치도 보지 않고 마음껏 뛰어놀고 편히 쉴 수 있도록 개방했습니다. 첫 공연으로 음악회를 열었는데, 장애인 부모들은 아이와 함께 공연을 보는 것이 처음이라면서 감격의 눈물을 흘리시는걸 보며 저 또한 눈시울이 붉어졌습니다.

뇌전증 환우 지원, 참전용사 보청기 지원

저는 뇌전증 환우를 돕는 일에도 관심을 갖게 되었습니다. 지난 2014년, 난치성 뇌전증 환우 지원을 위해 대한소아신경학회와 치료사업에 대한 양해각서를 체결했고, 연간 최대 25명의 뇌전증 환우 어린이들에게 1인당 최대 200만원의 미주신경자극(Vagus Nerve Stimulation) 치료비를 지원하고 있습니다.

한편, 보청기 상담을 하다보면 참전용사들이 많이 찾아왔습니다. 전쟁을 겪으면서 그 후유증으로 청력이 나빠진 분들이 많습니다. 그래서, 6·25 참전용사를 비롯해서 국가유공자, 애국지사, UN 참전용사들에게

오세영 화백은 1996년부터 난청이 심해져서 보청기를
착용해야했고, 그때부터 저와 인연이 시작됐다.

보청기 지원사업도 펼쳤습니다. 카투사 출신으로 2007년 국내 최초로 카투사전우회를 만들었습니다. 6·25전쟁 이후 지금까지 한국에서 근무한 미군은 약 350만 명에 달합니다. 이제는 참전용사의 대부분이 세상을 떠났지만 이 분들이 생전에 보청기를 통해 잃었던 소리를 들으시고 환하게 웃으셨던 표정이 지금도 생생합니다.

국군포로 신동길 씨의 이야기도 저는 잊지 못합니다. 지난 2004년 국군포로 신동길 씨가 며느리와 함께 탈북해서 53년 만에 고향으로 돌아왔습니다. 그런데, 신 씨는 북한 광산에서 석탄을 캐는 일을 하면서 폭파작업 등으로 청력이 나빠졌습니다. 귀가 들리지 않아서 의사소통에 어려움이 많아 정부에서 보청기를 제공해줬지만 고도 난청이 심해서 보청기도 소용이 없었습니다.

이 소식을 듣자마자 저는 신동길 씨에게 인공와우 수술을 해드리기로 했습니다. 나라를 위해 전쟁에 나갔고 포로로 잡혀 북한에서 고생하셨기 때문에 뭐라도 해드리고 싶었습니다. 인공와우 수술을 받은 후 신동길 씨가 전화벨 소리를 들으시면서 '이제 사람답게 다시 태어났다'면서 너무 기뻐하셨습니다. 소리를 듣는다는 것이 이렇게 기쁜 일입니다.

청각사 양성 위한 기틀을 마련

어느 날 나이 지긋한 노신사가 청량리에 있는 동산보청기 센터에 찾아왔습니다. 여쭤보니 한림대학교를 설립한 윤덕선 이사장이라고 했습

오세영 화백의 작품은 서울 종로구 평창동에 위치한 문화예술
복합공간 '스타키홀'에 100여점 정도가 전시되어 있다.

4장 ──── 운을 부른 선택들

니다. 그분이 난청이 있었는데, 당시 우리나라에서 프로그램 보청기가 처음 수입됐을 때였습니다. 프로그램 보청기는 보청기를 귀에 맞게 맞춤형으로 착용이 가능하고 소리의 높낮이, 울림 등을 자동으로 조정하도록 돼 있습니다.

윤덕선 이사장의 보청기를 맞춰드리고 꾸준히 관리해 드리던 중 윤 이사장님은 한림대에 난청클리닉을 설립했습니다. 또한, 미국 조지아 대학에서 청각학으로 석박사를 받은 국내 1호 청각학 박사인 이정학 선생님과 함께 1998년 한림대 대학원(현 한림국제대학원대학교)에 국내 최초로 청각학 석사과정을 개설했습니다.

한국에 청각학이라는 분야가 생소하던 시절 청각사 양성을 위한 기틀이 마련된 것입니다. 현재 국내에는 2천여 명의 청각사들이 활동 중에 있습니다. 제가 윤덕선 이사장님과의 인연으로 청각사 양성에 기여를 했다는 사실도 보람되고 뿌듯한 일입니다. 저는 한림대학교 대학원에 청각학을 개설하고 청각사의 길을 열어주는데 세운 공로를 인정받아 한림대학교로부터 공로상도 받았습니다.

장애인 예술인 '오세영' 화백 후원

장애인 중에서는 뛰어난 예술적 재능을 가졌지만 경제적 어려움 때문에 창작활동에 전념할 수 없는 분들이 많다는 소식을 듣고 저는 장애인 예술인들을 위한 후원도 시작했습니다.

평창동 스타키홀 전경

4장 ──── 운을 부른 선택들

대표적인 작가가 '오세영' 화백입니다. 오세영 화백은 1996년부터 난청이 심해져서 보청기를 착용해야했고 그때부터 저와 인연이 시작됐습니다. 그는 지금 세상을 떠났지만 1985년 미국 평론가가 뽑은 해외 '10대 미술가'로 선정됐고, 1991년에는 뉴욕 몬타그 화랑과 독일 드 트레페 화랑이 공동 주최한 국제 최우수 화가 1위에 선정되는 등 세계적으로 그 능력을 인정받은 분입니다.

저는 오세영 화백을 만나면서 문화예술을 통해 사회공헌을 하는 방법을 알게 됐고, 오 화백의 작품들은 서울 종로구 평창동에 마련한 문화예술 복합공간 '스타키홀'에 100여점 정도가 전시되어 있습니다.

도움이 필요한 사람들에게 실제로 도움을 드리고 이들과 동행하는 것은 참으로 가슴 벅찬 일입니다. 그 벅찬 감정을 이어갈 수 있도록 저는 오늘도 제 도움이 필요한 사람들과 함께 길을 걸어가고 있습니다.

4장 ——— 운을 부른 선택들

30년 최장수 글로벌 CEO
심상돈의
감사 에세이

5장

CEO 자리를 위해
치러야했던 것들

두려움의 무게_ 1년짜리 계약직 CEO의 두려운
아침 7시 / 위기의 무게_ 실패의 심연 속으로…
바닥치기 / 외로움의 무게_ 지독한 고독

두려움의 무게
1년짜리 계약직 CEO의 두려운 아침 7시

"회사에서 나가기를 두려워하는
사람이 되자. 회사에서 잘릴까 봐
걱정하는 사람이 되어선 안 된다."

'오늘 아침은 무사할까?'

지난 30년간 매일 아침을 이런 마음으로 맞았습니다. 아침 7시면 어김없이 저는 컴퓨터를 켜고 이메일을 긴장된 마음으로 열어봅니다. 자신감 넘치고 자존감 높고 배짱 좋고 용기 있는 CEO, 심상돈이 긴장할 때가 다 있나 할지 모르지만, 저는 매일 아침 7시면 졸보가 됩니다. 외국계 기업들은 이메일로 해고 통보를 하기 때문입니다. 과거에 텔렉스와 팩스 시대에는 일어나자마자 텔렉스와 팩스 앞으로 달려갔습니다. 해고 통보에 대한 두려움 탓인지 지난 30년간 두 다리 쭉 펴고 편하게 잠을 자본 적이 없습니다. 늘 밤잠을 설쳤습니다. 때로 악몽을 꿀 때도 있었습니다. 해고 통보를 받으면 그 시간 이후로 출근할 필요도 없고 컴퓨터를 비롯한 회사 내 어떤 문서도 열람할 수 없습니다. 비서가 개인 짐만 챙겨서 집으로 보내줍니다. 전날까지만 해도 한 회사의 대표로 조직의 리더인 적이 있었나 싶을 정도로 냉정하게 내쳐집니다.

이렇듯 '스타키코리아 대표이사'라고 하면 굉장해 보이지만 해마다 계약하는 1년짜리 CEO입니다. 1년 단위로 계약이 이뤄지고 연말 평가에서 좋은 점수를 얻지 못하면 끝입니다. 외국계 기업은 당신이 위태롭다든가, 좋은 평가를 받지 못했다든가 이런 친절한 귀띔 같은 건 해주지도 않습니다. 언제나 밝은 표정으로 인사를 건네고 잘하고 있다고 칭찬합니다. 그러나, 매의 눈으로 내부평가는 매우 자세하게 하고 있고 더이상 함께 일할 가치가 없다고 판단되면 어느 날 갑자기 해고 통지를 보냅니다. 상황이 이렇다보니 저는 긴장할 수밖에 없습니다.

스타키는 전 세계 약 20여 곳에 지사가 있습니다. 아시아에는 한국을 비롯해 일본, 중국, 싱가포르, 인도, 호주, 뉴질랜드 등 7개의 지사가 있습니다. 제가 30년 동안 스타키코리아 대표이사를 하는 동안 주변국

CEO들은 3년~5년마다 교체가 됐습니다. 그렇게 30년을 지내다보니 매일아침 7시 '오늘도 무사히...'라는 심정으로 메일을 열어보게 되는 것입니다. 이런 불안감에 시달리다보니 사람들은 "스타키코리아 대표이 사직을 관두고 회사 차려서 오너가 되라. 보청기 비즈니스에서는 국내 톱이니까, 회사 차려도 문제 될게 없지 않냐?"고 얘기합니다. 맞습니다. 저는 보청기 분야에서는 국내 최고라고 자부합니다. 하지만, 저는 해고가 두려워서 제 회사를 차리고 싶진 않습니다.

진정한 용기는 어떤 일을 두려워하지 않는 것이 아니라 두려움에도 불구하고 앞으로 나아가는 것이기 때문입니다. 흑인 인권 운동가 만델라 넬슨은 "인생에서 가장 큰 영광은 결코 넘어지지 않는데 있는 것이 아니라 넘어질 때마다 일어서는데 있다"고 했습니다. 무너지고 넘어질 것이 두렵다고 현실을 피하고 싶진 않습니다. 능력이 부족해서 잘리고 싶지 않습니다.

회사에서 나가는 것을 두려워하는 사람

1996년 스타키코리아 대표이사가 되겠다고 사인을 한 그 순간부터 저 스스로에게 다짐한 것이 있습니다.

"회사에서 나가는 것을 두려워하는 사람이 되자. 회사에서 잘릴까 봐 걱정하는 사람이 되어선 안 된다."

회사에서 떠날까 봐 걱정하는 붙잡고 싶어 하는 강한 자가 되기로 했습니다. 강해야 살아남을 수 있습니다. 살아남아서 나의 강함을 증명해야 합니다. 그렇다면 어떤 사람이 강한 자일까요? 실력은 기본입니다. 회사 제품을 잘 팔아서 매출을 잘 일으켜야 합니다. 저는 현장형 CEO입니다. 보청기 사업을 시작할 때부터 대표이사 영업사원이라는 마인드로 보청기를 공부하고 제품을 검수하고 고객들 귀에 맞는 보청기를 제공하기 위해 피팅도 직접하고 있습니다. 보청기를 판매하는 보청기 업체를 대상으로 별도의 교육도 진행하고 있습니다. 누가 시킨 것은 아니지만 형편이 어려운 청각장애인과 난청인에게 보청기를 무상 제공하는 것을 비롯해 여러 복지혜택을 제공하는 등 나눔활동에도 적극 나서고 있습니다. 뿐만 아니라, 제 자신이 타성에 젖어 느슨해지지 않도록 철저히 자기관리를 하고 있습니다.

철저한 자기관리를 위한 루틴

첫째, 주변부터 청소합니다.

일을 시작하기 전에 주변부터 말끔히 정리합니다. 옷을 정갈하게 입고 필요한 사무용품 기기들을 제자리에 둡니다. 주변 환경이 어수선하면 뇌가 산만해지고 생각도 흩어지기 때문입니다. 집중과 몰입을 위해 주변 환경부터 정리 정돈하는 것은 중요합니다.

둘째, 매일 해야 할 일을 중요도에 따라 분류하고 진행 상황을 냉정히 평가합니다.

책상에 앉은 후에는 그날 해야 할 일들을 적습니다. 이건 웬만큼 일을 한다는 사람들은 다하는 일상적 루틴입니다. 그런데, 저는 듀 데이트(due date)를 정리할 때 중요도에 따라 레벨을 나누고 시작하는 날과 끝나는 날도 반드시 명시합니다. 그렇게 해야 할 일들에 대해 순번 정리가 끝나고 일이 진행되는 동안 매일, 매주, 매월, 분기별, 매년 평가를 합니다. 계획된 일정대로 일이 진행됐는지, 일의 속도는 맞추었는데 완성도는 어땠는지, 제대로 진행되지 않았다면 어떤 문제가 발생했는지 스스로를 객관화시키고 최대한 냉정하게 평가합니다.

이렇게 30년을 지내다보니 중요도에 따라 일의 순서를 정하는 것, 일에 따라 완성할 수 있는 기간과 발생할 수 있는 예상 문제들까지 감각적으로 알게 됐습니다. 그러다보니 무리하게 계획을 세우는 일이 없고 시행착오는 줄며 완성도는 나날이 높아지고 있습니다.

셋째, 매일 영어공부를 합니다.

외국계 기업에서 일하다보니 영어가 일상입니다. 그러나, 일상대화를 영어로 하는 것이 아닌데다 나이가 들수록 언어 감각과 능력이 떨어집니다. 그래서 지난 30년 동안 하루도 빠짐없이 영어회화 과외를 받고 있습니다. 일상생활부터 국내외 정치 경제 사회 등 다양한 주제에 걸쳐 영어로 대화를 나눕니다. 매일 아침과 잠들기 전에는 늘 영어 채널을 켜두고 계속 듣습니다. 영어뉴스를 들으면서 국제정세를 이해해야 미국 본사와 대화를 나눌 때 막힘없이 소통할 수 있습니다. 외국계 기업에서 영어로 보고서 발표만 잘한다고 다가 아닙니다. 누구를 만나더라도 일 뿐 아니라 다양한 주제에 대해서도 영어 대화가 가능해야 합니다.

특히 영어도 언어이기 때문에 공부를 하지 않으면 최근 트렌드를 놓치게 됩니다. 오래된 낡은 교과서 영어가 아닌 시대에 맞는 세련된 영어를 구사할 줄 알아야 합니다. 잠이 오지 않으면 영어 문장을 하나씩 외웁니다. 과거에 외웠던 문장도 반복해서 들으며 원어민의 발음을 따라 해봅니다.

넷째, 건강관리를 결코 소홀히 하지 않습니다.

건강해야 일도 잘할 수 있습니다. 건강하면 표정이 밝을 수밖에 없고 좋은 에너지가 생성되기 때문에 활력이 넘칩니다. 만나는 사람도 기분이 좋아집니다. 따라서 건강관리는 조직을 이끄는 CEO라면 결코 소홀히 해선 안 됩니다. 특히나 여러 일정을 소화해야 하는 CEO는 체력이 떨어지면 일의 성과를 낼 수 없습니다.

저는 일단, 틈만 나면 걷습니다. 걸으면서 음악 감상도 하고 영어 연습도 합니다. 걷는 것은 모든 운동에 기본이고 가장 쉽게 실천할 수 있기 때문입니다. 일주일에 3번 아침 6시에 수영을 합니다. 수영을 하면 폐활량이 좋아지는데다 물이 차다보니 정신이 번쩍 드는 그 느낌이 좋습니다. 하루 세끼 식사를 하듯이 건강관리를 위한 운동을 거르지 않습니다. 식사는 정량의 80%만 먹습니다. 나이가 들면서 소식을 하니 속도 훨씬 편안합니다.

다섯째, 때와 장소에 맞는 옷차림으로 패셔니스타를 추구합니다.
사람들이 저에게 패션에 관심이 많은 것 같다고 말합니다. 제 옷차림이 블랙이나 네이비 슈트로 일관되어 다른 CEO들에 비해 좀 튀기 때문입니다. 강렬한 색상, 알록달록한 무늬, 독특한 디자인의 옷을 즐겨 입습니다. 옷을 통해 개성도 나타내고 싶기도 하고 왜소한 체격을 커버하기 위해서 패션에 신경을 쓰는 편입니다. 그렇게 패션에 관심을 갖고 옷을 고르고 매칭을 하는 습관을 들이다보니 옷을 꽤 잘 입는 CEO가 됐습니다. 스타키는 크고 작은 파티 형태의 모임이 많은데 모임에 따라 그 성격에 맞는 옷을 잘 차려입다보니 저에 대한 이미지가 좋아졌습니다. 패션도 비즈니스에는 매우 중요한 요소입니다.

끌려가는 삶? 끌고 가는 삶!

끌려가는 삶을 살 것인가? 끌고 가는 삶을 살 것인가? 라고 물으면 모두가 다 끌고 가는 삶을 살 것이라고 대답합니다. 그러나, 끌고 가는 삶을 살기 위해서는 내가 강해야 합니다. 단, 강한 것과 교만한 것은 다릅니다. 겸손하면서 강한 사람! 이런 사람이 자신의 삶을, 조직을 끌고 갈 수 있습니다.

위기의 무게
실패의 심연 속으로… 바닥치기

"건강하게 살아있기 때문에 이런 시련도 겪게 되는 것이군요. 위기를 잘 헤쳐 나가서 제가 더 성장할 수 있게 해주셔서 감사합니다"

두려움에도 불구하고 나아가는 용기를 가진 사람이 진정한 리더라는 굳건한 믿음이 있지만 저도 위기를 맞고 슬럼프에 빠지면 덜컥 겁이 납니다. 흔들립니다. 저도 감정의 기복이 있어서 신날 때는 막 기분이 업 되다가 나락으로 떨어질 때가 있습니다. 그러나, 위기의 무게를 견뎌야 하는 것도 리더의 몫입니다.

다행히, 저의 강점 중 하나가 '위기일수록 강해진다'는 것입니다. 저는 위기가 찾아오면 우울과 좌절된 감정에 푹 젖어듭니다. 저를 밑바닥까지 끌어내립니다. 진흙탕 속으로 저를 깊숙이 밀어 넣습니다. 그 안에서 저는 불행과 절망을 마음껏 누립니다. 그리고 왜 이런 일이 생겼는지 따져 묻기보다 여기서 어떻게 하면 빠져나갈 수 있을까를 고민합니다. 해결책을 찾아 생각하고 또 생각하면 어둠 속에서 작은 빛을 발견하게 됩니다. 그 빛을 따라 바닥을 치면 천천히 올라옵니다. 처음부터 하나하나 다시 시작해보는 겁니다. 늪에 빠졌을 때 빠져나오려고 허우적대고 발버둥 치면 체력을 잃게 되면서 더 깊은 늪에 빠져 목숨을 잃고 맙니다. 스킨스쿠버를 할 때도 수면 위로 올라올 때 산소가 부족한 상황이 생기거나 다리에 쥐가 났다고 해서 성급히 수면 위로 올라오면 압력차로 폐가 터지기 때문에 당황하지 말고 천천히 올라와야 합니다. 회사 경영과 인생도 마찬가지입니다. 위기가 닥쳤다고 조급하게 움직이면 오히려 일이 더 엉킵니다. 그래서 저는 바닥을 쳤다가 그 바닥을 발판삼아 다시 도약하는 방법을 선택합니다. 현실을 부정하지 않고 그 상황을 고스란히 인정합니다. 이런 선택의 에너지원은 '초긍정 감사 마인드'에 있습니다.

초긍정 감사 마인드의 저력

평소에도 매사에 '감사'하는 마음으로 살고 있지만 위기를 맞으면 '감사'를 더 강렬하게 소환합니다. 제가 어처구니없이 구치소에 가게 됐을 때 성경을 읽으면서 '그래 이보다 더 나빠질 것이 더 있겠어? 그래도 감방장도 하고 같이 있는 수용자들과 그럭저럭 잘 지내고 있으니 이 얼마나 감사한가? 여기서 나갈 날을 기다리며 내실을 다지고 있자'고 마음먹었고, 그렇게 살다보니 성경을 통해 여러 깨달음을 얻게 됐고 그 후 사업도 더 잘되게 됐습니다.

회사 매출이 급격히 떨어져서 해고당할지 모르는 불안감에 휩싸이게 되더라도 '건강하게 살아있기 때문에 이런 시련도 겪게 되는 것이군요. 위기를 잘 헤쳐 나가서 제가 더 성장할 수 있게 해주셔서 감사합니다'라고 외칩니다. 위기와 시련이 닥치면 표정부터 어두워지고 괴로워서 술과 담배를 찾게 되는데 저는 정반대로 행동합니다. 이런 초긍정 감사마인드는 어둠의 심연에 빠진 저를 일으켜 세우고 당황한 두뇌를 진정시키고 차분히 해결책을 찾게 도와줍니다.

위기를 맞으셨나요? 시련이 닥쳤나요? 무엇을 어떻게 해야 할지 괴로워 미치겠다고요? 하나 둘 셋 넷 다섯 여섯 일곱 여덟 아홉 열… 10초 동안 천천히 심호흡을 하고 '그래 내가 이렇게 숨 쉬고 있는데 해결책을 찾아 봐야지. 지금 뭐부터 해야 할까?' 이런 긍정마인드로 객관적인 시선으로 위기를 바라보기 바랍니다. '왜 나에게 이런 일이 생긴 거야'라는 분노와 원망의 감정이 아니라 '어떻게 하면 될까?'라는 해결의 관점으로 닥친 문제를 바라보면 분명히 빠져나올 비상구를 찾을 수 있습니다.

외로움의 무게 _지독한 고독

CEO의 외로움과 고독의 무게는 무거워지고
깊이는 더 깊어집니다. 하지만, CEO로
치러야하는 대가이기에 기꺼이 감당해내고
있습니다. 아무나 앉을 수 없는 CEO라는
자리에 30년 동안이나 앉아 있을 수
있는 것에 감사하기 때문입니다.

CEO들은 '독'과 참 가깝습니다. 지독, 독종, 그리고 고독입니다. 위로 올라갈수록 사람들과 멀어집니다. 중요한 일을 결정할 때도 딱히 상의할 사람이 없습니다. 직원들 모두가 저만 쳐다보고 있습니다. 결재서류에 사인을 하는 순간 그 일에 관한 모든 책임은 CEO인 내가 지겠다고 공표하는 게 됩니다. 책임은 함께 나누어질 수 없는 오롯한 CEO의 몫이기 때문에 냉정하고 냉철하고 단호해져야 할 때가 있습니다. 냉정해야 할 타이밍이 오면 저 자신도 제가 무서울 정도로 돌변합니다.

처음이자 마지막이었던 직원 해고

한번은 미국 출장길에 부장급 직원과 동행한 적이 있었습니다. 마케팅 담당 부장이었는데, 일을 곧 잘했고 일주일의 미국 출장은 일종의 포상 휴가였습니다. 그런데 출장 마지막 날 갑자기 본사와 미팅할 일이 생겼습니다. 그래서 제가 '참석을 해달라'고 요청을 했습니다. 그런데 그 직원이 '예정된 쇼핑을 해야 하기 때문에 참석이 어렵다'고 거절했습니다. 그래도 너무 중요한 회의였기 때문에 제가 한 번 더 요청을 했습니다. 그런데도 그 직원은 자기 스케줄이 있기 때문에 안 된다고 했습니다. 결국 회의는 저 혼자 참석했고, 한국 귀국 후에 그 직원을 해고 했습니다. 제가 두 번이나 요청을 했다는 것은 그만큼 중요한 사안이었다는 것인데 그 직원이 간과한 것입니다. 사소한 일인 것 같지만 공과 사를 구분하지 못한 태도를 벌한 것입니다. 직원을 해고한 것은 그때가 처음이자 마지막이었습니다.

1996년 제 사업을 정리하고 스타키코리아에 대표이사로 합류하게 됐을 당시, 직원 채용은 미국 스타키 본사가 주도했습니다. 그때 처음 만났던 사람이 회계담당 책임자였습니다. 함께 식사를 하는 자리에서 그는 자신의 경력을 얘기하면서 전 회사에서도 CEO가 자신에게 꼼짝 못했다는 말을 하면서 자신의 능력을 과시했습니다. 그 식사를 마치고 저는 스타키 본사에 연락해서 그 책임자를 해고하겠다고 얘기한 후 바로 해고 통보를 했습니다. 그 책임자는 갑작스러운 해고 통보에 자신이 무엇을 잘못했냐며 눈물을 흘리며 호소했습니다. 하지만 전 단호하게 거절했습니다. 입사해서 함께 일하기도 전에 첫 만남에서 CEO를 쥐락펴락하겠다는 직원은 필요 없기 때문입니다.

그 회계담당 책임자는 스타키 본사에 자신의 억울함을 호소했고, 본사에서 저에게 그냥 책임자를 채용하면 어떻겠냐고 연락이 왔습니다. 그때 저는 저냐 회계담당 책임자냐 한 명만 선택하라고 단호하게 얘기했습니다. 제 사업을 접고 새로운 회사에서 경영자로 첫 발을 내딛으려 하는데, 경영에 간섭하려는 직원과 함께 일하라는 것은 있을 수 없는 일이기 때문입니다.

결국 스타키 본사에서는 저를 선택했고 그 이후 스타키코리아 경영의 주도권은 제가 갖게 됐습니다. 이런 단호한 배짱 그 이면에는 제 자신에 대한 믿음이 있었기 때문입니다. 잘 해낼 수 있다는 자신감이 있었습니다. 이렇게 단호하고 냉정하고 냉철한 판단을 해야 하는 상황을 종종 겪게 되다보니 저는 인간관계에서는 선을 긋고 적당한 거리를 유지하려고 합니다.

그러다보니 참 외롭습니다. 쓸쓸합니다. 고독합니다.

지독한 외로움, CEO가 감당해야할 몫

소위 성공했다는 CEO들과 만나서 얘기를 해보면 저와 똑같은 고민을 안고 삽니다. 모처럼 점심약속이 없어서 누구와 밥을 먹을까 하고 회사를 둘러보면 같이 밥 먹을 사람이 한 명도 없더라는 겁니다.

또 한 CEO는 회사 내 복지 차원에서 사내 헬스장을 공들여 만들어놓은 후에 기분이 좋아서 매일 아침마다 운동을 하러 갔는데 아무도 이용을 안하길래 비싼 돈 들여 만든 헬스장인데 왜 이렇게 이용을 안하냐고 물으니 사장님이 아침마다 오시는데 어떻게 헬스장에 가겠냐고 했다는 겁니다. 결국 그 CEO는 그 얘기를 듣고 헬스장에 가지 않았다고 합니다. 이렇게 한 회사의 대표라는 자리는 늘 '혼자'일 수밖에 없습니다.

'감사'의 힘으로 외로움 견뎌

지독한 외로움에 쩔쩔매고 있는 것을 들키고 싶지 않은 것이 CEO들의 자존심입니다. 그래서 저는 누군가 내 안에 들어오려고 하면 고슴도치처럼 뾰족한 가시를 날로 세웁니다. 내 안에 들어와 나의 약한 모습을 보고 실망할까봐, 남들이 저에 대해 실망하는 것을 보고 제 자신이 무너질까봐 제 몸에 갑옷을 입고 누구도 들어오지 못하도록 철저히 바리케이드를 치며 살고 있습니다.

그러다보니 외로움과 고독의 무게는 더 무거워지고 깊이는 더 깊어지는 것 같습니다. 하지만, CEO로 치러야하는 대가이기에 기꺼이 받아들이며 감당해내고 있습니다. 아무나 앉을 수 없는 CEO라는 자리에 30년 동안이나 앉아 있을 수 있는 것에 감사하기 때문입니다.

30년 최장수 글로벌 CEO
심상돈의
감사 에세이

6장

새로운 시작을
준비하며

인생의 소중한 5가지 절대 무한가치 / 소통과 경청,
더 많이 듣기 위한 삶 / 나의 MBTI는 행복한 나눔
확장형 / 귀를 사랑하는 남자 '귀사남' 입니다

인생의 소중한 5가지 절대 무한가치

먼지처럼 작은 일에도 감사하다는 생각으로
살다 보니 매일매일 감사할 일이 별처럼
쏟아집니다. 심지어 사업이 잘 안 풀릴 때도
감사하다고 생각합니다. 늘 승승장구하며
안일해지고 나태해질 수 있는데 종종
찾아오는 위기로 긴장의 끈을 다시 조이게
하고 빡빡했던 저를 다시 기름칠해서 새롭게
나아갈 계기를 만들어주기 때문입니다.

스타키코리아는 제가 몸담았던 지난 30년 동안 전 세계 20여 개 스타키 지사 중 줄곧 선두에 있었습니다. 국내시장 점유율도 30%로 1위를 유지하고 있습니다. 전 세계 스타키 매니저들이 스타키코리아의 경영 전략과 성공 사례를 배우기 위해 찾아옵니다. 그런데, 저는 정통 엘리트 코스를 밟은 CEO도, 굉장한 능력을 지닌 것도 아니고, 일에만 몰두해서 사는 워커홀릭도 아닙니다. 저는 학창 시절 공부에는 그리 관심이 많지 않고 친구들과 어울려 놀기 좋아했던 개구쟁이 청소년이었습니다. 그런데, 제가 방황하고 흔들릴 때마다 저를 정신 차리게 하는 사건들이 일어났고 귀인들이 나타났습니다. 그 덕에 저는 비교적 올바른 선택을 할 수 있었으며 지금까지도 자가발전을 해오고 있습니다.

인생 경험에서 깨달은 무한한 가치들

제 인생을 통틀어 인생이 바뀐 결정적인 순간을 꼽으라면 19살 때 아버지를 잃었던 일입니다. 그 이후로 지금까지 반백 년에 가까운 시간을 되돌아보면서 '나는 어떻게 지금의 자리에 있을 수 있었을까?'를 생각해 보니 제가 의미와 가치가 있다고 여기는 것을 절대적으로 믿으며 실천했던 다섯 가지가 있었습니다.

그것은 바로 '긍정' '기다림' '변화' '나눔' '감사'입니다. 이 다섯까지 키워드를 실행하면서 예상치 못한 위기를 극복할 수 있었고, 성장할 수 있었고, 건강을 지킬 수 있었고, 행복을 느낄 수 있었으며 어제보다 나은 오늘을 그리고 내일을 기대하며 살 수 있었습니다. 제가 뽑은 다섯 가지 인생의 절대 무한가치들은 결코 특별한 것이 아닙니다. 우리가 다 상식처럼 알고 있는 내용들입니다. 다만, 저는 이것을 실천하면서 확실한 성과를 얻었습니다. 여러분도 밑져야 본전이라는 마음으로 제가 뽑은 다섯 가지 인생 절대 무한가치들을 실행에 옮겨본다면 본전 이상의 수확을 할 수 있지 않을까 싶습니다.

우리는 '행운'을 바라는 마음이 있습니다. 그런데, 그 운이라는 것은 준비하고 포기하지 않은 사람에게 주어지는 선물이었습니다.

첫째, 흙수저 계급론 뛰어넘는 무한 긍정론

요즘은 개천에서 용이 날 수가 없는 시대라고 합니다. 저도 어느 정도 공감합니다. 적당히 재력이 있는 집안에서 태어나야 교육에서도 뒤처지지 않을 수 있고 친구들과의 관계에서도 위축되지 않을 수 있기 때문입니다. 오죽하면 좋은 대학 합격의 3대 요소가 조부모의 재력, 부모의 정보력, 아이의 순종이라는 말까지 나왔겠습니까.

이 말을 듣고 저도 기가 막혔습니다. 재력으로 사람이 평가되고 재력으로 네트워크가 이뤄지는 것이 현실이 됐다니 참 안타까웠습니다. 이렇게 좋은 환경이 자신감과 자존감의 척도가 되어 버렸습니다. 과거 고시 시대에는 고시 합격만 하면 신분 상승도 가능했는데, 로스쿨이 생기면서 로스쿨 입학도 까다롭지만 졸업까지 수억이 넘는 등록금이 필요하다 보니 형편이 어려운 사람들은 지원조차 하기 힘든 것이 현실입니다. 그러다 보니, 내 의지와 상관없이 내가 선택할 수 없는 태어난 환경이나 주어진 상황 탓을 하지 않을 수 없게 됐습니다.

하지만, 저는 결코 환경이 인생 전체를 뒤흔들 수는 없다고 생각합니다. 물론 출발은 소위 다이아몬드 수저, 금수저들이 앞서 있습니다. 하지만, 출발이 늦었다고 해서 무조건 불리한 것은 아닙니다. 어려움은 있지만 그 어려움이 성공을 방해할 만큼은 절대 아니라고 생각합니다.

상대적 박탈감에서 벗어나기

남들보다 주어진 환경이 좋지 않아서 출발이 늦었다고 생각한다면 가장 먼저 해야 할 일은 '상대적 박탈감'에서 벗어나는 것입니다. 나에게 주어진 상황을 인정해서 그 환경에 빨리 적응할 줄 아는 지혜가 앞서 출발한 사람들을 따라잡을 수 있는 에너지를 만듭니다. 그 선택을 늦게 할수록 따라잡아야 하는 거리는 늘어납니다.

금수저 흙수저 출신을 달리기에 비교한다면, 금수저들은 좋은 운동화를 신고 가볍게 달리기한다면, 흙수저들은 발에 무거운 납덩이나 모래주머니를 달고 달리기 때문에 힘들 수밖에 없습니다. 금수저를 쉽게 추월하기도 어렵습니다. 그런데 이런 조건은 어디까지나 초반 레이스까지입니다. 인생 레이스는 '끝날 때까지 끝난 게 아닙니다.' 납덩이나 모래주머니를 달고 달리면 초반에는 힘들고 지쳐서 가다가 쉬게 됩니다. 무겁고 힘들고 지치지만 레이스 내내 납덩이와 모래주머니를 달고 뛰다 보면, 근력이 붙고 체력이 좋아집니다. 이때 생기는 근력과 체력은 실력을 말합니다. 성공으로 다가가는 실력이 키워지는 것입니다. 탄탄한 근력으로 체력이 좋아지면 납덩어리와 모래주머니의 무게감은 더 이상 느껴지지 않습니다. 그리고 발에 달린 납덩이와 모래주머니를 벗게 되는 시점이 오면 그때 흙수저였던 '나'는 날아다니게 되고 금수저 출신들을 앞서나가게 되는 그런 짜릿한 순간을 만나게 되는 것입니다. 다만, 이런 쾌감을 맛보기 위해서는 치열한 '노력'을 해야합니다. 단, 성공을 위한 노력을 위해 건강을 해쳐서는 안 됩니다. 번아웃이 되는 순간 그동안 노력했던 것이 수포가 되고 맙니다. 치열한 노력을 지속하기 위해 필요한 것이 바로 초긍정 마인드! 절대·무한 긍정론입니다. '할 수 있다'는 지극히 상식적인 말이 레이스를 멈추지 않게 합니다.

'최악'의 경우 상상해 보기

초긍정 마인드를 갖는 방법 중 하나가 '최악'의 경우를 상상하는 것입니다. 최악의 경우를 생각하는 것은 좌절하거나 포기하지 않기 위한 일종의 희망 장치입니다.

솔직히 저도 상황이 나빠지거나 예상치 못한 상황에 맞닥뜨리게 되면 회피하고 싶습니다. 하지만, 저는 그 상황보다 더 최악이 될 경우를 상상하며 위기의 가시밭길을 기꺼이 걸어갑니다. 위기를 해결하는 과정에서 가시에 찔려 피가 나고 상처가 나고 참 아픕니다. 그런데, 닥친 위기가 최악의 경우를 상상한 것보다 덜 심각하면 견딜만해집니다. '이 정도에서 끝난 게 어딘가'라는 감사의 마음이 저절로 생깁니다.

이렇게 저는 절망이 내 안에 침입해 들어오더라도 흔들리지 않고 긍정

마인드를 방패 삼아 절망이 오히려 당황해하며 도망치도록 만듭니다.

둘째, 마음의 근력 키우는 절대 기다림

다이아몬드 수저, 금수저들보다 출발이 늦다는 생각에 정말 열심히 뛰었는데 납덩이와 모래주머니의 무게 때문에 생각보다 속도가 나지 않으면 화가 납니다. 그러다 보면 발에 달린 납덩이와 모래주머니를 당장 떼어주겠다며 쉽게 성공하는 길을 알려주겠다는 여러 유혹도 만나게 됩니다. 하지만, 쉬운 성공은 단언컨대 없습니다. 속도가 느리다고 섣불리 발에 달린 납덩이와 모래주머니를 떼버려선 안 됩니다.

맷집과 근력을 쌓는 데는 시간이 필요합니다. 실력이나 사람들과의 네트워크는 하루아침에 이루어지지 않습니다. 조급할수록 일을 망치기 쉽습니다.

꾸준히 한결같이 노력하면서 나의 시간을 나의 때를 기다려야 합니다. 그러다 보면 반드시 기회는 옵니다. 제가 보청기 전문가가 되기까지 지금의 위치를 유지하기까지 40년이 걸렸습니다. 공부에 왕도가 없는 것처럼 목표를 이뤄가는데, 정공법보다 편법을 사용한다면 반드시 부작용이 생기고 후유증이 생깁니다. 느리지만 단단하고 탄탄한 실력을 갖춰야 합니다. 이렇게 키운 실력은 쉽게 무너지지 않습니다.

셋째, 연령에 따른 절대 변화, 무한도전

20대, 실수조차 신나는 뜨거운 열정

연령에 따른 전략도 필요합니다. 그 나이에만 할 수 있는 것이 있고 우리는 세월이 흐름과 달라지는 시대에 맞춰 나를 변화시켜야 하고 도전을 멈춰서는 안 됩니다.

저는 카투사를 전역하고 사업을 막 시작했던 20대에는 '열정'으로 살았습니다. 일하는 것도 노는 것도 무엇이든 열정을 다했습니다. 보청기를 알게 되고 보청기 공부를 시작하던 20대 때는 열정이 불탔습니다. 열정을 다하는 과정에서 실수도 잦았습니다. 하지만, 그 실수조차 좋은 경험으로 생각하고 부끄럽게 생각하지 않았습니다.

30대, 한결같이 꾸준한 성실성

30대에는 '성실'에 초점을 맞추고 살았습니다. 젊은 '열정'과 '패기'만으로 목표한 것을 이룰 수 없습니다. 한결같은 꾸준함과 성실성이 받쳐줘야 합니다. 20대에 보청기 공부를 어느 정도 했고, 보청기 전문가가 되기 위한 발판 마련을 위해 전국을, 전 세계를 누비며 보청기 관련 기업, 전문가, 관계자를 만나러 다녔습니다. 매일매일 보청기만 생각했습니다.

40대, 흔들리지 않는 긍정과 겸손

40살이 됐을 때는 제 사업을 정리하고 스타키코리아 대표이사가 됐습니다. 인생 40대를 '긍정'과 '겸손'함으로 보냈습니다. 오너에서 한 회사에 소속된 월급쟁이가 대표로 새 출발을 한 시점이었습니다. 그런데 이 시기에 저는 예상치 못하게 구치소에 수감 되는 경험을 하게 됐습니다. 처음에는 '왜 나에게 이런 일이…'라는 생각에 억울했고 구치소에서 비참하게 생활하면서 화가 났습니다. 하지만, 나는 죄가 없고 곧 풀려날 것이라는 확신과 긍정 마인드로 생각을 고쳐먹고 이내 주어진 상황을 받아들여서 수감자들과 잘 지내는 방법을 선택했습니다. 그 결과 저는 방장이 됐고 수감자들의 인생 상담도 해주고 다양한 얘기를 들으며 간접경험을 쌓을 수 있었습니다.

구치소를 다녀온 후에 저는 한결 더 겸손해졌습니다. 다른 사람들의 말을 더 귀 기울여 듣게 됐고, 제가 어떤 것을 이뤘을 때도 그 공을 모든 직원과 함께 나눴습니다. 실력의 뿌리는 더 깊어지고 단단해졌습니다. 이것이 강한 자의 겸손입니다. 약한 자의 겸손은 비굴하지만 강한 자의 겸손은 실력입니다.

50대, 품어주는 사랑

50대가 되면서 도움이 필요한 사람들이 눈에 들어왔습니다. 50대에 저는 '사랑'을 화두로 삼았습니다. 이 시기에 한국장애인부모회 후원회를 만들었고 장애인 예술인들을 적극 도우면서 제 안에 사랑을 불태웠습니다. 가슴이 사랑으로 뜨거워지고 마음을 사랑으로 채우고 나니 세상 많은 것을 포용할 수 있게 됐습니다. 더 좋은 인연을 맺을 수 있었고 나쁜 일조차 사랑으로 녹일 수 있었습니다.

60대, 아름다운 감사함

60대에 진입하면서 강렬하게 느껴지는 감정이 '감사'였습니다. 지금까지 이룬 모든 것에 그저 감사하는 마음이 생겼습니다. 아침에 눈을 뜨고 잠들기 전까지 매 순간 감사하는 마음으로 살다 보니 매일 감사할 일이 생겼습니다.

넷째, 절대 기부, 무한 나눔

제가 '나눔'의 가치를 처음 느끼게 된 것은 카투사에서 군 생활할 때 흑인 병사가 한국 보육원에 봉사활동을 하는 모습을 보면서부터입니다. 흑인 병사와 동행하기 전까지만 해도 저는 누군가를 돕는 것의 의미와 가치를 크게 느끼지 못했습니다.

남을 돕는 일은 돈이 많고 여유가 있는 사람들에게나 해당한다고 여겼습니다. 그런데, 봉사활동에 직접 참여해 보면서 전에 느끼지 못했던 희열을 느꼈습니다. 그 이후로 나눔에 관심을 두게 됐습니다. 그리고, 30대부터 결심한 것 중 하나가 저와 만나는 사람들과 식사하면 '밥'을 무조건 제가 산다는 것이었습니다. 저를 만나기 위해 시간을 내준 사람들에 대한 감사의 표현이고 귀한 사람을 대접한다는 생각으로 밥값을 냈습니다. '밥' 한 끼의 인심으로 맺어진 인연들은 수십 년 동안 계속되고 있습니다. '밥사' 철학을 통해 제가 깨달은 것은 '나눔'의 절대 가치였습니다.

필요한 곳에 쓸 줄 아는 사람이 진짜 멋진 부자입니다. 저는 그렇게 멋진 부자가 되고 싶습니다. 나누고 베풀다 보니 생각지도 않은 곳에서 돈을 벌기도 합니다. 돈을 좇으면 돈이 도망간다는 말이 있는데, 제 경험만 봐도 가치 있는 곳에 돈을 쓰고 기꺼이 내어주다 보니 기부한 금액보다 더 많은 돈을 버는 일이 생기기도 했습니다. 절대 기부, 무한 나눔의 힘은 정말 강력합니다.

다섯째, 절대 감사, 무한 감사

앞서 저는 60대에 들어서면서 '감사'함을 강렬하게 느끼게 됐다고 말씀드렸습니다. 저는 감사를 숭배할 정도로 감사의 가치를 높이 두고 있습니다. 제가 보청기를 만나고 보청기 관련해서 최초의 기록도 여럿 세우고, 국내 최장수 CEO로 일할 수 있고, 누군가의 롤 모델이 되고, 강연하며 살아가는 지금에 그저 감사할 뿐입니다. '감사' 외에 다른 어떤 말을 찾을 수가 없습니다.

그래서 저는 매일 감사 노트를 쓰고 있습니다. 감사 노트에 쓰는 감사는 결코 거창한 것들이 아닙니다. 아침에 건강하게 일어날 수 있어서 감사하다. 친구를 만나 식사를 할 수 있어서 감사하다. 다니는데 차가 덜 막혀서 감사하다. 이런 일상의 소소한 것들입니다. 먼지처럼 작은 일에도 감사하다는 생각으로 살다 보니 매일매일 감사할 일이 별처럼 쏟아집니다. 심지어 사업이 잘 안 풀릴 때도 감사하다고 생각합니다. 늘 승승장구하며 안일해지고 나태해질 수 있는데 종종 찾아오는 위기로 긴장의 끈을 다시 조이게 하고 빡빡했던 저를 다시 기름칠해서 새롭게 나아갈 계기를 만들어주기 때문입니다.

저에 대해서 나쁜 말을 하는 사람을 만났을 때도 감사하게 생각합니다. 앞으로 저렇게 남에게 나쁜 말을 하는 사람은 만나지 말아야겠다고, 사람 보는 눈을 길러주셔서 감사하고 나에게 한 나쁜 말을 되새기면서 혹시 내가 고칠 부분은 없는지 생각하며 감사히 여깁니다.

진짜 행복한 사람은 매사에 감사하게 여기는 사람입니다. 감사해서 행복한 것입니다.

소통과 경청, 더 많이 듣기 위한 삶

경청이 습관이 되다보니 사람들에게
얘기를 잘 들어주는 친절한 사람이 됐고
제 이미지도 좋아졌습니다. 더 많이
듣기 위한 삶을 위해서 저는 제 귀를 경청에
맞춰둡니다.

코로나 팬데믹으로 우리는 한동안 마스크를 착용하고 다녀야했습니다. 마스크 착용이 의무였기 때문에 잠깐씩 음식을 먹을 때를 제외하고는 사람을 만나거나 대화를 할 때 마스크를 써야만 했습니다. 마스크를 쓴 채로 대화를 할 때 어떠셨나요? 저는 참 답답했습니다. 마스크에 가려져서 소리도 명확하게 들리지 않았고 입 모양이 가려져 있으니 표정도 볼 수가 없었습니다. 코로나 팬데믹을 겪으면서 저는 다시 한번 '소리'의 중요성을 깨닫게 됐습니다. 그리고 헬렌 켈레의 말을 다시 한번 떠올렸습니다. "보이지 않으면 사물에서 멀어지지만, 들리지 않으면 사람에게서 멀어집니다."

삶을 윤택하게 하는 '소리'

세상의 모든 소리를 통해 우리는 서로 교감하고 소통하며 소리를 통해 우리는 서로를 알아갑니다. 소리는 사람과 사람 사이를 이어주는 소통 창구로 우리 삶을 보다 윤택하게 해줍니다. 저는 보청기 전문가로 정말 행복한 이유가 사람과 사람 사이의 소통을 도와주는 역할을 하기 때문입니다. 소리를 못 듣던 사람들에게 청력을 열어주면서 외롭고 고독했던 어둠의 시간에서 벗어나는 역할을 해주었다는 것이 얼마나 가슴 벅차고 뿌듯한 일인지 모릅니다.

소리란 '마음을 열어주는 울림'

듣는 사람인 저는 청각장애인과 난청인들과 더 잘 소통하기 위해서 제 소통의 주파수를 '경청'에 맞춰놓고 있습니다. 원활한 소통을 위해서는 '경청'이 우선되어야 하기 때문입니다. 흔히 상대를 이해시키고 설득시키기 위해서는 요목조목 자세히 말을 많이 해야 한다고 생각합니다. 하지만, 상대의 마음을 열게 하기 위해서는 말을 많이 하는 기술에 있는 것이 아니라 상대가 말을 하게 만드는데 있습니다. 정말 실력 있는 영업사원은 결코 말을 많이 하지 않고, 좋은 질문을 통해서 상대방이 말을 많이 하도록 유도합니다. 상대의 말을 잘 듣고 상대의 생각과 의견을 듣게 되면 상대를 더 깊이 이해하게 되고 내가 원하는 방향으로 대화를 이끌어갈 수 있습니다.

그래서 경청은 매우 중요합니다. 경청이 습관이 되다보니 사람들에게 얘기를 잘 들어주는 친절한사람이 됐고 제 이미지도 좋아졌습니다. 더 많이 듣기 위한 삶을 위해서 저는 제 귀를 경청에 맞춰둡니다. 저에게 소리란 '마음을 열어주는 울림'입니다.

나의 MBTI는 행복한 나눔확장형

삶에서 위대한 사명을 위해 힘쓰고
다른 사람과 주변 세상에 긍정적인 영향력을
발휘하기 위해 최선을 다하며,
어려운 상황에서도 올바른 일을 할 기회를
마다하지 않는다.

꽤 오래 전에는 혈액형에 따라 성격유형을 분류하는 게 유행이었는데 요즘은 성격유형검사 MBTI가 유행입니다. 혈액형에 따른 성격분석보다 설문에 응답해서 그 답에 따라 분석하는 거라 훨씬 과학적인 것 같긴 합니다. 저도 재미삼아 MBTI를 해봤는데 '선도자형(ENFJ-A)'로 나왔습니다. 선도자(ENFJ) 유형은 '삶에서 위대한 사명을 위해 힘쓰고 다른 사람과 주변 세상에 긍정적인 영향력을 발휘하기 위해 최선을 다하며, 어려운 상황에서도 올바른 일을 할 기회를 마다하지 않는다'고 분석돼 있었습니다.
풀이를 보니, 제가 살아왔던 방식과 비슷해 보입니다. 저와 비슷한 유형의 유명인으로 버락 오바마, 오프라 윈프리 등이 있는데 이런 분들과 제가 비슷하다고 하니 왠지 우쭐해지기도 했습니다.
그런데, 저는 기본적인 성격유형 외에 한 가지를 더 보탠다면 '행복한 나눔확장형'이라고 얘기하고 싶습니다. 지난 40여 년간 청각장애인과 난청인들을 만나면서 어떻게 하면 이 분들에게 세상의 소리를 더 맑게 들을 수 있게 할까, 세상의 울림을 더 섬세하게 느끼게 할 수 있을까를 고민해왔고 그들이 제 도움으로 다시 소리를 듣게 되는 모습을 보면서 삶에 행복과 보람을 느껴왔기 때문입니다. 그리고, 지금까지 해온 일 외에 나눔의 영역을 보다 확장해보려 합니다.

뇌전증 지원센터 설립 추진

지난 30여 년간 장애인들을 도우면서 그들의 속사정을 알게 됐고, 장애인들에게 경제적 도움 외에도 필요한 법과 제도를 만들어주는 일을 해야겠다는 생각을 하게 됐습니다.
최근에는 뇌전증센터 대외협력위원장을 맡으면서 뇌전증 환자들을 돕고 있습니다. 뇌전증은 과거에 간질로 알려진 질환입니다. 뇌전증이라는 말에서 알 수 있듯이 뇌전증은 뇌에 번개가 치는, 뇌에 전기현상이 발생하면서 갑자기 몸에 경련이 일어나고 발작하게 됩니다. 뇌전증 환자들은 정말 괴로워합니다. 타인에게 그 어떤 피해를 주는 것도 아닌데, 거품을 물고 쓰러지는 모습을 보면 사람들은 거부감을 보입니다. 발작과 경련은 매일 일어나는 것도 아니고 뇌의 컨디션이 좋지 않을 때 발생합니다. 요즘은 치료 방법도 다양해지고 약도 좋아져서 일상생활을 하는데 큰 지장이 없지만, 뇌전증, 간질에 대한 선입견과 편견이 있다 보니 환자들은 여간 마음이 불편한 게 아닙니다. 그래서 저는 뇌전증 환자들이 사회에서 떠나지 않도록, 사회구성원으로 제 역할을 다하도록 도와주고 싶습니다.

현재, 한국뇌전증협회 회장을 맡고 있는 강북삼성병원 소아청소년과 김흥동 교수를 비롯해서 많은 분이 뇌전증 지원법 제정을 위해 노력하고 있습니다. WHO는 2015년 뇌전증을 국가가 관리해야 할 질환으로 규정했습니다. 따라서, 우리나라도 뇌전증에 대한 잘못된 시선과 편견을 없애고 뇌전증 환자들이 질병의 고통과 삶의 절망에서 벗어날 수 있도록 국가가 나서줘야 합니다.

특히, 뇌전증으로 고생하는 어린이들을 보면 너무나 가슴이 아픕니다. 저는 뇌전증 환자와 가족들을 위해 뇌전증 바로 알기와 뇌전증 지원센터 건립을 비롯해서 뇌전증 지원 법률안이 국회를 통과할 수 있도록 발로 뛸 것입니다.

노인 삶의 질 향상을 위한 보청기 지원사업 추진

2015년부터 청각장애인과 난청인들에게 보청기 지원이 시행됐습니다. 청각장애인으로 등록되고 5년 이내 보청기 지원을 받은 적이 없는 사람에 한해 한쪽은 131만원, 양쪽엔 262만원이 지원됩니다.

그런데, 이 제도에서 노인성 난청이 제외됐습니다. 하지만, 고령화 사회 속에 국내 노인성 난청환자가 크게 늘고 있습니다. 건강보험심사평가원의 '2017~2021년 국민관심질병통계-난청' 자료에 따르면, 2021년 난청으로 병원을 찾은 환자는 74만2242명으로, 지난 2017년 54만8913명에 비해 35.2% 증가한 것으로 나타났습니다. 대한이과학회에 따르면 국내 난청 인구는 오는 2026년 300만 명, 2050년 700만 명에 이를 것으로 추산했습니다.

특히, 채성원 고대구로병원 이비인후과 교수에 따르면, 국내 70세 이상 난청 환자는 10.5%로 당뇨병 환자 9.23%, 알츠하이머 환자 5.5% 보다 많은 것으로 나타났습니다.

이런 추세라면 국내 노인난청 환자는 2020년 812만 명에서 2030년 1725만명, 2070년에는 1747만 명으로 전체 인구 중 46.4%로 늘어날 것으로 전망하고 있습니다.

노인성 난청에 예의주시해야 하는 이유는 난청을 방치할 경우 인지기능 저하로 치매 유발의 원인이 되고 신체 활동 감소, 소통의 어려움 등으로 우울증까지 유발할 가능성이 높기 때문입니다. 하지만, 많은 노인이 나이가 들면 눈도 잘 안보이고 귀도 잘 안들리는 게 자연스러운 것처럼 여기고 보청기 가격 부담으로 잘 안 들려도 참는 경우가 많습니다. 따라서, 노인성 난청으로 고생하는 어르신들에게 보청기의 일부 금액을 건강보험에서 지원하도록 해서 하루라도 빨리 보청기를 착용하도록 해야 합니다.

보청기가 난청을 겪는 노인들의 삶의 질을 높여줄 뿐 아니라 치매나 우울증 환자를 돌보는데 들어가는 사회적 비용도 크게 줄일 수 있습니다. 보청기를 통해 소리를 잘 듣게 되면서 환하게 미소 짓는 어르신들을 상상하면 기분이 참 좋아집니다.

작지만 강한 중소기업 '히든 챔피언'

저는 2017년 사단법인 한국강소기업협회를 만들었고 그때부터 초대회장을 맡아 협회를 이끌어오고 있습니다. 오랫동안 CEO로 일해오다 보니 성장 잠재력이 높은 중소기업·중견기업이 많고, 각 기업마다 너무 열심히 일하고 있는데 기업 간 네트워크가 활성화되어 있지 않고 각 분야에서 독립적으로 일하다보니 시너지가 나지 않는다는 것을 느꼈습니다. 그래서, 중소기업들이 상호 협력하면 경쟁력도 키울 수 있고 똘똘 뭉치다 보면 중소기업을 위한 정부정책이나 지원을 요청할 때 한목소리를 낼 수 있겠다 싶었습니다.

그렇게 만든 한국강소기업협회는 현재 3천여 기업이 모였고 서로 네트워크를 이루며 끈끈하게 잘 유지되고 있습니다. 강소기업협회 회원사들은 우리 경제에 든든한 버팀목이 되어주는 '히든 챔피언'입니다. 그들은 나 홀로 성장이 아닌 함께 성장을 목표로 스타트업 청년들도 지원하고 있습니다. 또한, 어려움을 겪는 회원사가 있으면 위기를 극복할 수 있도록 자신의 회사처럼 적극 나서서 도와줍니다.

기업인들 꿈의 선순환을 이루어 가는 것

2023년 한국강소기업협회는 시각장애인 바리톤 김정준 성악가를 홍보대사로 임명했습니다. 앞을 못 보지만 음악가로의 꿈을 이루며 봉사활동까지 하는 김정준 성악가의 인생이 강소기업과 닮았기 때문입니다. 많은 중소기업이 대기업과 경쟁하고 세계시장에서 두각을 나타내려면 보통의 노력으로 버티기 어렵습니다. 강소기업인과 김정준 성악가에게는 실패와 시련으로 넘어지더라도 이를 악물고 다시 일어나 앞으로 나아가는 강한 의지와 용기, 뚝심이 있습니다. 김정준 성악가의 삶이 곧 강소기업인의 삶인 셈입니다.

제가 강소기업협회를 이끄는 동안에는 강소기업들이 흔들림 없이 탄탄하게 성장할 수 있도록 밑바닥을 잘 다져줄 생각입니다. 강소기업인들이 꿈을 이루면 그 꿈은 사업을 하고자하는 누군가의 꿈이 되기 때문입니다. 저는 강소기업협회를 통해서 기업인들의 꿈을 이루어 가는 중입니다. 꿈의 선순환이 작동되는 것을 보는 것! 강소기업협회를 이끌어가는 즐거움입니다.

이렇게 누군가가 필요로 하는 사람이 되고 누군가에게 도움이 되는 삶을 산다는 것은 참 보람되고 감사한 일입니다.

귀를 사랑하는 남자 '귀사남' 입니다

청력은 치매발병률을 높인다는 연구결과도 있기 때문에 '귀'에 대한 기본적인 의학적 상식과 내 청력상태 진단을 위해 청력에 대한 정보를 알아두는 것은 매우 중요합니다.

저는 귀를 사랑하는 남자입니다. 카투사 위생병으로 근무하면서 보청기를 처음 알게 됐고, 보청기 사업을 하면서 보청기는 단순한 의료기기가 아니라 사람과 세상을 소통시켜주는 인간의 귀를 대신하게 해주는 신체의 일부라고 여기게 됐습니다. 시력이 나쁘면 안경을 끼는 것처럼 보청기도 마찬가지입니다. 그런데, 안경을 끼는 것은 낯설거나 어색하지 않고 하나의 패션 아이템으로 브랜드와 종류도 많으며 안경에 대한

유튜브 채널 귀사남

정보도 많습니다. 그런데 보청기는 착용하는 사실을 숨기고 싶어 하고 보청기에 대한 올바른 정보를 찾기도 어렵습니다.

유튜브 채널 귀를 사랑하는 남자 '귀사남' 오픈

지난 2023년 가을 저는 유튜브 채널 귀를 사랑하는 남자 '귀사남'을 오픈했습니다. 이 채널을 통해 '귀'에 대한 의학적인 정보와 '보청기'에 대한 올바른 정보를 전달하고 있습니다. 청각장애인과 난청인을 위한 채널이라고 생각할지 모르지만, 지금 내 청력에 문제가 없다고 해도 나이가 들면 노안으로 돋보기를 쓰듯이 청력도 나이가 들면서 약해지기 때문에 우리 모두는 '귀'에 대해 잘 알아둬야 합니다.

청력에 문제가 생기면 당장 내 자신이 답답해지고, 사람들과 소통이 어려워지고, 대화가 잘안되면 사람들과 멀어지면서 사람과 사회과 고립되면서 외로움을 느끼게 되고 우울증으로 이어지는 상황을 맞게 됩니다.

특히, 청력은 치매발병률을 높인다는 연구결과도 있기 때문에 '귀'에 대한 기본적인 의학적 상식과 내 청력상태 진단을 위해 청력에 대한 정보를 알아두는 것은 매우 중요합니다. 이런 내용들을 동영상 콘텐츠로 제작해서 유튜브 채널 '귀사남'을 통해 선보이고 있습니다.

귀 명의가 들려주는 귀의 모든 것

현재 귀사남에는 3개의 핵심코너가 있습니다.

유튜브 채널 귀사남

첫 번째가 '귀'에 대한 채널답게 대한민국 이비인후과 명의에게 듣는 '귀'에 대한 의학적 정보입니다. 우리는 소리를 어떻게 듣게 되는지, 소리를 듣지 못하면 어떤 일이 생기는지, 귀에서 삐~소리가 나는 이명 증상과 치료는 어떻게 하는지, 귀의 가장 흔한 질환인 중이염 증상과 치료법, 그리고 중이염을 방치했을 때 얼마나 위험한 상황이 발생하는지, 머리를 빙빙 돌게 하고 사람 미치게 하는 이석증의 원인과 치료방법, 예방법은 무엇인지, 난청이 생기면 치매발병률이 높아진다는데 난청으로 인한 치매발병률을 낮추기 위해서 어떻게 해야 하는지 등등 귀 질환과 치료 예방에 대한 내용을 알차게 담고 있습니다.

'귀~한 사람' 인터뷰

귀를 사랑하는 남자인 저는 참 좋은 분들을 많이 만났습니다. 귀~한 사람 코너에서는 보청기를 통해 인연을 맺게 된 분들의 얘기를 담았습니다. 귀가 잘 안 들려서 저를 찾아왔고 제가 보청기 피팅을 해드리면서 소리를 잘 듣게 해드렸고, 그 인연을 수십 년째 이어오고 있습니다. '귀~한 사람' 인터뷰를 보면 나에게 딱 맞는 보청기를 착용하고 내 자신에 대한 변화는 물론 생활에 어떤 변화가 생겼는지 난청인들의 솔직한 심정을 통해 '귀'가 얼마나 소중한 기관인지 관리를 왜 잘해야 하는지 알 수 있습니다.

귀사남이 들려줄게, 보청기 착용기

저는 보청기만 40여 년 동안 연구해 왔습니다. 지금도 신규보청기가 출시될 때마다 직접 착용해보면서 이전모델과 비교·분석해 오고 있습니다. 따라서, 보청기에 대해서는 대한민국 1등 전문가라고 자신하고 자부합니다. 보청기를 처음 착용하게 되면 걱정과 두려움이 많습니다. 그래서 보청기 상담에서 청력검사과정, 나에게 맞는 보청기 피팅하기, 보청기 착용 후 적응하기 등등 보청기에 대한 모든 정보를 담고 있습니다. 다시 한번 말씀드리지만, 보청기는 '안경'과 같습니다. 청력이 약해지면 보청기 도움을 받으면 됩니다. 부끄럽게 생각하거나 숨길 필요가 없습니다.

이렇게 귀와 보청기에 대한 모든 정보를 유튜브 채널, 귀를 사랑하는 남자 '귀사남'을 통해 하나하나 업로드 하고 있습니다. 귀와 보청기에 대해 궁금하신 점이 있다면 언제든지 연락주시면, 관련 내용을 제가 다 찾아서 '귀사남' 채널에 올리도록 하겠습니다. 저는 듣는 사람 심상돈입니다.

에필로그

들어주셔서 감사합니다

언제나 박수칠 때 떠나듯
1등으로 달리고 있는 지금
이제는 전속력으로 질주했던
속도를 조금씩 늦춰가면서 메인 트랙에서 살짝 내려오려 합니다.
제가 주인공이 돼서 진두지휘했던 CEO의 자격이 아니라
지난 40여 년간의 경험으로 쌓은 노하우로 청각 장애인과
난청인들에게 기여하는 삶을 살아가고자 합니다.

1983년, 제가 처음 동산보청기를 설립했던 그 초심으로
돌아가는 것입니다.
다만, 40여 년 전과 다른 점이 있다면 제 사업을 키우기 위한 것보다
청각산업을 발전시키는데 저의 노하우를 전수시켜주겠다는
'나눔'으로 주파수가 맞춰져 있다는 것입니다

청각산업에 종사하는 분들은
잘 듣지 못하는 사람들에게, 들리는 '귀문'을 열어주는 저에게
또 다른 귀한 사람들입니다.
저 혼자 천 걸음을 걸으려면 힘들지만

천 명이 한걸음을 함께 내딛는다면 세상이 훨씬 더 큰 울림을 줄 수
있습니다. 보청기는 신체의 일부이고 보청기도 안경 같은 존재로
인식되도록 해서 보청기를 착용하는 분들이 남의 시선을
불편해하거나 부끄러워하는 일이 없도록 하려 합니다.

한 기업의 CEO는 영원할 수 없지만
듣는 사람 심상돈은
청각장애인과 난청인들과 함께 할 것입니다
청각장애인과 난청인들이 들을 수 있는 데시벨에 맞춰
제 귀를 활짝 열고 그분들의 얘기를 듣겠습니다.

제 인생에서 욕심이 있다면, 그것은 보청기에 대한 것입니다
보청기는 제 전부였습니다. 한 치의 양보도 없었습니다.
청각장애인과 난청인에게 언제나 진심이었습니다.
세상의 모든 소리를 듣고 싶어 하는 간절함
세상의 모든 울림을 느끼고 싶어 하는 절박함
이들의 소망을 이루어주고 싶어서 보청기에 매달렸습니다.

한결같이 꾸준했습니다.
변함없이 노력했습니다.

소리없이 성실했습니다.
진심이 쌓이면서, 진심이 닿았고, 진심이 통했습니다.

보청기를 통해 소리를 들으면서 표정이 환해지는 사람들을 보면
그렇게 기쁠 수가 없습니다.
이런 기쁨의 순간을 허락해주심에 감사함이 차오릅니다.
마음에 차오른 감사함은 행복을 키웁니다.
감사하기 때문에 행복한 것입니다.

'감사'를 숭배하며 살다보니, 계속 감사할 일이 생깁니다.
칠순을 앞두고 지난 시간을 정리할 수 있는 기회가 생겨서
감사하고 있습니다.
앞으로 또 얼마나 감사할 일이 생길까요?
감사한 마음으로 살면 내일이 기대되고 설렙니다.
기분이 좀 다운될 때 곧 만나게 될 감사한 일들을 상상하면
가라앉아있다가도 이내 기분이 좋아집니다.
저는 감사를 통해 몸과 마음을 치유하고 있습니다.

책을 마치며 저는 또 감사할 일이 생겼습니다.
제 이야기를 끝까지 잘 들어주신 여러분께 깊은 감사를 드립니다.